Biblioteca Umoristica

Luciana Littizzetto

OGNI COSA È FULMINATA
Alla ricerca delle Picicì (Piccole Cose Certe)

Illustrazioni di Michela Fabbri

MONDADORI

Della stessa autrice
nella collezione Biblioteca Umoristica Mondadori
Sola come un gambo di sedano
La principessa sul pisello
Col cavolo
Rivergination
La jolanda furiosa
I dolori del giovane walter
Madama Sbatterflay
L'incredibile Urka
La bella addormentata in quel posto

Per le illustrazioni © Michela Fabbri in accordo con Amaca Agency

librimondadori.it
anobii.com

Ogni cosa è fulminata
di Luciana Littizzetto
Collezione Biblioteca Umoristica Mondadori

ISBN 978-88-04-70815-5

© 2018 Mondadori Libri S.p.A., Milano
I edizione novembre 2018

INDICE

11   Picicì (Piccole Cose Certe)

NON CI STO dentro

17   La scheda madre
18   Le pastiglie per lavastoviglie
20   Il rumore delle sveglie
21   Il frigo che bofonchia
22   Le padelle instabili
23   I bandoli della pellicola
24   L'apribottiglie
25   Gli asciugamani che non asciugano
26   Piumoni e copripiumoni
28   I profumi dei detersivi
30   Le cialde del caffè
31   L'apertura del tonno in scatola
33   La data di scadenza
34   La sottile linea grigia
35   La raccolta differenziata
38   L'Attak
39   Il bugiardino delle medicine
41   Il gastroprotettore
42   I contagocce

43	I blister delle supposte
44	La pressione nei tubetti di pomata
45	Le pastiglie
46	Il telecomando perduto
47	L'orario della prima serata
49	Le lenti unte
49	Le custodie degli occhiali
50	Le lampadine
52	Gli schermi dei cellulari
54	Gli adattatori
55	Il portinaio

NON CI STO fuori

59	Il montante del parabrezza
61	Le calze deboli
63	La doppia zip
64	La scomparsa delle mercerie
65	Il tè rovente
66	La teiera da bar
67	I tovaglioli del bar
67	Le fette biscottate oversize
70	I gusti delle pizze
71	I quadri nelle pizzerie
73	I déhors
74	L'acqua minerale al ristorante
75	I sacchetti della spesa
77	La raccolta punti
79	I signori in bermuda
81	L'età dei pupi
81	I chioschi delle edicole
83	I cartelli stradali che scompaiono

85	Il parcheggio davanti agli ospedali
86	I pasti degli ospedali
88	La scadenza dei mandarini
90	Gli auricolari del telefono
91	La batteria dei cellulari
93	Il cellulare rigenerato
96	Il bracciolo
97	Spingere o tirare?
98	Le biro col cordino
99	I francobolli
99	I bollettini postali
100	Lo strappo
101	Le fialette di vetro delle medicine
102	Gli ascensori nei cinema
103	Free Wifi
104	I nomi delle vie
107	I dossi
108	Il lavatesta
109	La musica nei negozi
111	Il check-in
112	L'aria condizionata sui treni

NON CI STO proprio

117	I centralini telefonici degli ospedali
119	Le pubblicità dei divani
120	Le stringhe delle scarpe da ginnastica
121	Le taglie degli abiti
124	La settimana della moda a Milano
125	I pallini delle maglie di lana
126	I cognomi orribili
128	Le domande dei dentisti

130	Sanremo
130	Il modello vecchio
132	L'ora di geografia
134	Il puntale dell'albero di Natale
136	Le adozioni
138	I piromani
140	Gli spot del gioco d'azzardo
141	Le foto sui pacchetti di sigarette
142	Le polveri sottili
143	La scrittura dei medici
144	La stazione spaziale
146	Il gelicidio
147	I nomi dei paesi
149	I walter
152	La pipì in mare
153	Le dichiarazioni assolute
154	Il tappeto rosso a Venezia
155	Le immagini su Google
156	La paura
157	Le schede elettorali e i gettoni d'oro
158	La spaccata
160	Gli stipendi delle donne
162	Gli uomini disconnessi
164	La festa della donna
165	I capelli di Naomi
167	Come si pronuncia?

OGNI COSA È FULMINATA

*A tutti quelli che negli anni
continuano a ridere delle mie boiate*

PICICÌ (PICCOLE COSE CERTE)

Bon. Basta stare con le mani in mano e la lingua al caldo. Bisogna agire. Sporcarsi le mani e dire una volta per tutte come stanno le cose. È inutile lamentarsi se poi non ci si sbatte per denunciare. Infatti eccomi qui. Pronta ad essere la voce che si leva dal basso. Un po' per questioni fisiche e un po' per scelta ideologica e sociale. Sarò la portavoce, l'ambasciatrice, la paladina delle micro-rotture del quotidiano, le incongruenze con le quali tutti, tutti i giorni, abbiamo a che fare. Quelle che ti fanno dire: "Ma perché? Ma ti sembra normale che? Non sarebbe più facile se?". I piccoli e grandi scontri con un reale che sembra lontano dalla logica e dal buon senso. Vedrei con favore un partito che si occupasse delle cose quotidiane, che promettesse di risolvere minuzie che intossicano giorno dopo giorno il nostro tran tran abituale. Il partito delle Picicì, Piccole Cose Certe. Io faccio da segretaria generale. Allego come garanzia il mio curriculum nel caso si chiedesse conto delle mie infinite competenze.

LUCIANINA LITTIZZETTO

Nata a Torino in epoca moderna.

Bella presenza, composta per il 90 per cento di acqua il resto minchiate, stacco di coscia, bionda di sopra, bionda di sotto, vitino di Vespa, ma non il presentatore, alta 1,85 (in yarde, così recupero quindici centimetri).

È stata Miss Italia 1991, Miss Testa di minchia 1993, Miss Maglietta quasi asciutta nel 2004, e nel 2010 Miss Muretto, Miss Garage e Miss Ingresso ampio e molto luminoso.

Al David di Donatello le è stato conferito il Premio Scajola, a insaputa della Giuria. Ha vinto il Premio Nobel per la Biologia, per i suoi studi sugli OGM cioè Oggettivamente Grosse Minchiate... insignita della Pantegana d'oro alla carriera, e del Premio Grande strega per il pamphlet erotico *Fabio Fazio, dietro l'acquario niente*. Insegna Antropologia culturale all'Università di Cambridge, e ha pubblicato il suo saggio dal titolo *Cristiano Malgioglio: che qualcuno se ne occupi...*

Inoltre: nell'estate del 1998 ha perfezionato il suo francese con un viaggio a EuroDisney durante il quale ha acquistato presso il bar della giostra calcinculo un tè alla pesca, e dicendo *"merci!"*. È stata in nomination agli Oscar come miglior spettatrice non protagonista, ha ricevuto il Nastro d'oro e il Nastro Azzurro Peroni, è consulente di Maieutica all'Università della Sorbona e consulente di Maiolica all'Università di Castellamonte;

spesso fornisce anche consulenze a Marzullo sulle "Domande del cacchio".

Esperta in lettura di radiografie, da un anno sta frequentando un corso di massaggio prostatico in una delle migliori cliniche europee. Poi ha fatto un master di lingua. Adesso la sa cucinare col bagnetto verde. Attualmente fa parte dei Consigli di Amministrazione della Microsoft e della Apple e di Immobildream di Roberto Carlino.

È stata azzurra di sci, ha vinto la Parigi-Dakar in treno, ed è stata per cinque anni campionessa mondiale di Decathlon – il negozio.

Attualmente vorrebbe rilevare una tabaccheria a Pinerolo...

Autorizzo al trattamento dei miei dati personali, no perditempo, no Gigi Marzullo.

NON CI STO dentro

LA SCHEDA MADRE

Parliamo di elettrodomestici. Ma non quando funzionano, quando si spaccano. Ed essendo ormai marchingegni super sofisticati ti mandano alla neuro. Tipo, si inchioda la lavastoviglie e compare sul display una scritta in rosso lampeggiante che dice: "Errore 15". Allora tu cosa fai? Prendi il manuale, che di solito è spesso come un organo genitale di cavallo, perché è scritto in tutte le lingue del creato compreso l'uzbeco, il congolese arcaico e gli ideogrammi della dinastia Ming, cerchi e trovi "Errore 15" con scritto sotto: "Possibile deframmentazione del risciacquo al flussometro girante con smonellamento dell'elettrovalvola".

Ma puoi scrivere una roba così? Secondo te io capisco cosa vuol dire "Possibile deframmentazione del risciacquo"? Ma perché non te ne vai affan... Non mi scrivere "Errore 15". Scrivimi direttamente "Chiama il tecnico" o meglio "Chiama il tecnico che non ce n'è". Bon. E io mi metto il cuore in pace. Cosa vuoi che ci faccia io al flussometro girante, cretino?

Comunque poi chiami il tecnico. Che tra l'altro arriva tre giorni dopo perché numero verde numero verde ma poi sti poveretti sono in quattro gatti e devono smontare le lavastoviglie di tutto il pianeta... Arriva sto tecnico e capisci se è bravo da un particolare. Se quando si china si vede l'attaccatura delle chiappe che esce dal pantalone. Quello è indice di tecnico bravo. Che vedi proprio la "v". Lui guarda, sposta, si alza, e fa: è la scheda. È la scheda madre.

Ma com'è che è sempre colpa della scheda?! Poi scheda madre. Una scheda padre non c'è? Ma sempre noi dobbiamo avere la responsabilità di tutto? Non possiamo almeno lasciare da parte le madri che sono sacre e chiamarla "schedastronza"? Che peraltro costa praticamente come cambiare tutta la lavastoviglie. Tutto sto casino per poi scoprire che ti conviene cambiare la lavapiatti. Altro che "Errore 15".

LE PASTIGLIE PER LAVASTOVIGLIE

Parliamo dei detersivi per lavastoviglie e lavatrice. Adesso vanno di moda le pastiglie, le tavolette, i mattoncini di Lego, che in effetti sono molto più comodi. Tu prendi il pastiglione, lo infili nello sportellino della lavastoviglie e bon. Bon una mazza. Perché lì, in quel preciso istante, tu come tutti gli abitanti di questo disgraziato pianeta ti fai un'unica, una precisa, una sola domanda: ma sto cacchio di nylon lo devo togliere o no? Tutto l'universo della specie umana se l'è chiesto. Dalla Manciuria a Tripoli, dalla Patagonia alla Catalogna. La pastiglia la devo scartare? Io non sono stata troppo a elucubrare... ho sperimentato lo spacchettamento. Ho tolto il nylon. L'ho sbucciato. Ed è un'impresa niente affatto semplice, perché è sottilissimo ma mamma mia come tiene. Comunque. Levi l'involucro e la pastiglia ti si sbriciola in mano, e così capisci che tutto potevi fare tranne quell'operazione lì.

Quindi la risposta per tutti è: no, non si toglie dalla confezione. No, non si deve pelare. Ripetiamolo insieme. E quali sono quindi quelle che si scartano? Quelle nel pacchettino, avvolte nella carta bianca. Quelle invece si scartano. Ma capisci che casino? Ma non potete farle tutte uguali ste pastiglie? Eh, ma loro ti dicono: tanto c'è proprio scritto sulla scatola. Certo che c'è scritto sulla scatola, ma così in piccolo che per decifrare la scrittura devi tenerti un microscopio vicino alla lavastoviglie, altrimenti ciao.

Te le stampano pure ton sur ton, tipo lilla su rosso, che non vedi una mazza. Ma non finisce qui. Ci sono anche le vaschettine di plastica, da non aprire assolutamente visto che sono ripiene di una specie di gel. Quindi se le apri cola tutto, come aprire una cozza cruda. Poi, già che ci siamo, qualcuno mi deve spiegare a che serve il pallino rosso in mezzo. Cos'è sta roba? Sto neo rosso. Sto angioma. Il mirino per lo sporco? Che il detersivo lo centra meglio? È per far divertire le forchette mentre la lavapiatti le lava? O gira come quella della roulette e spacca i bicchieri?

E vogliamo parlare delle pastiglie della lavatrice? Che non sono pastiglie, sono ascessi. Per la lavatrice fanno le vesciche tipo quelle che ti vengono quando metti le scarpe nuove. Intanto te le infilano dentro una scatola di plastica che per smaltirla ci vogliono minimo due ere geologiche e poi ti immagini che dentro ce ne siano tipo trenta. Niente. Quindici, ce ne sono. Dieci. Dieci al massimo. Come fossero primizie. Che poi, siccome son fatte di pelle di uovo sodo e dentro c'è la bagna, basta un goccio d'acqua, un filo di sudore della massaia, una rugiada dal ficus benjamin, che si incollano una all'altra come magneti e fanno un collier, un rosario, ne tiri su una, e dietro vengono le compagne. Infatti la dicitura tutto in uno, credo si riferisca a questo...

Perdono proprio la bava e si incollano, un po' come quando lasci le caramelle in macchina sotto il sole. Per cui, se ti va bene, tiri e si stacca, se ti va male ti si disfa in mano. Il principio è lo stesso degli zampironi. Ti fanno credere che li puoi staccare, invece ne devi sempre sacrificare uno se no non ci riesci. Ma capisci che fanno le lavastoviglie sempre più intelligenti e i detersivi sempre più minchioni?

IL RUMORE DELLE SVEGLIE

Allora. Spiego: la sveglia, si chiama sveglia perché ti sveglia. Ok. Ma se la sveglia fa TICTACTICTACTICTAC in continuazione, viene a mancare proprio la ragione sua di esistere. La sveglia, lo dice la parola, mi deve *svegliare*. Non, non farmi dormire. Se no è troppo facile. Fanno una roba che mi introna tutta la notte ed è ovvio che quando trilla mi sveglio. Perché sono *già* sveglio. Io voglio sapere come mai l'inventore della sveglia, lo sveglione primigenio, l'ha fatta che ticchetta. Perché?!

Durante il giorno, forse, di quell'insistente TICTAC non te ne accorgi, ma di notte minimo minimo sogni di essere con James Bond a disinnescare una bomba a orologeria.

IL FRIGO CHE BOFONCHIA

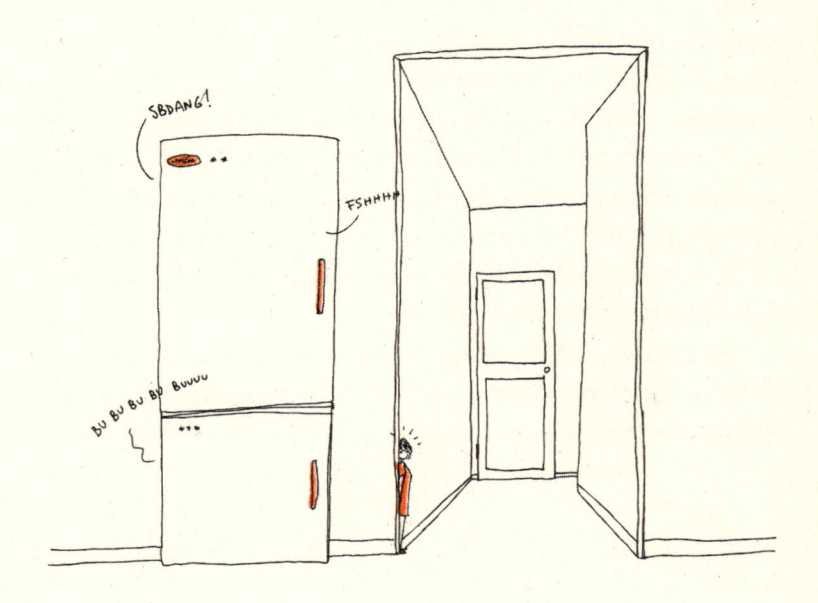

... E quando finalmente ti addormenti, tempo dieci secondi ti sveglia il frigo, visto che per quanto siano super tecnologici gli elettrodomestici parlano. Bofonchiano sempre. Sono ventriloqui. Fanno quel *gluglublabla...* che è un suono a metà strada fra il martello della risonanza magnetica e una megattera che cerca un maschio nell'oceano. Il verso del mostro marino della *Forma dell'acqua*. Così per interminabili minuti e poi a un certo punto, all'improvviso, sembra che tiri gli ultimi. *Ahhhh bu bu bu bu bu...* e poi un bel *ffraaaaaattttt...* un sospiro di ingranaggio stanco, tipo quando si fermano i tir che senti un fischio, uno sfiato e un'agonia. Uguale. Tu pensi che ti stia rantolando il marito, invece è il frigo nell'altra stanza. Ma possibile che non riusciamo a brevettare dei frigoriferi silenziosi che non facciano in piena notte il rumore di un Boeing in decollo?

LE PADELLE INSTABILI

Ma parliamo delle padelle, questo attrezzo indispensabile della cucina. Ne fanno ormai di tutte le misure. Da quella minuscola per cucinare l'uovo di quaglia a quella enorme per fare una frittata grossa come una piazza d'armi. E anche i materiali sono molteplici: acciaio, teflon, pyrex, ferro, titanio e pietra ollare. L'unico punto debole: il manico. Diciamolo. La metà delle padelle ha il manico che pesa più della padella. È sbilanciato. Parlo per esperienza personale. In cucina avevo sette padelle. Me ne rimangono cinque perché due si sono buttate da sole dal gas. Suicidate.

Allora: una padella deve avere pochi requisiti. Uno, è che il materiale di cui è fatta sia ignifugo. Se la fai di carta, brucia. Due, che abbia un manico... perché se no cuoci gran bene qualsiasi cosa ma poi la lasci lì, altrimenti ti strazi. E ultimo cacchio di requisito è che la padella sia stabile.

Stabile, idiota! Che l'hai progettata, fabbricata e venduta.

Amico padellaro: non ti è venuta prima di brevettarla la curiosità di provare se la padella funzionava? Guarda che viene, quel trip lì, a quelli che hanno un minimo di cervello. A te invece no. Non ti è venuta. Hai piazzato sto manico enorme e massiccio e non ti è punta la minima vaghezza di controllare. Quindi tu sei, senza ombra di dubbio, al cento per cento, un cretino.

I BANDOLI DELLA PELLICOLA

Occupatevi dei bandoli. Non dei bandi, dei bandoli. I rotoli di pellicola. È possibile fare che si capisca dove sta l'inizio del rotolo di domopak? Che si trovi facile dove comincia, che tutte le volte che devi usarla passi delle mezzore a sgraffignarlo, dieci minuti in un verso e dieci minuti nell'altro come i gatti quando si fanno le unghie sul tronchetto della felicità?

Il rotolo di pellicola è come un film di Lars Von Trier, senza inizio e senza fine. Che poi finalmente quando trovi l'inizio tiri, si srotola sta pelle d'uovo e si strappa tutta storta. Certo, ti mettono la seghetta nella scatola per fare lo strappo diritto, ma gridiamolo a gran voce: non funziona. Chi è che usa la seghetta della scatola? La seghetta, perché seghetti, deve seghettare. E siccome hai solo due mani e con una tieni il rotolo, il seghettamento è difficile. Invece con i rotoli da poco, tipo quelli dei cinesi, il problema dello strappo non si pone perché si sbrindellano da soli, vengon via a pezzi come la pelle quando ti ustioni al mare.

Diciamolo. I cinesi son bravi e cari, fanno tante cose belle che costano poco, peccato però che il più delle volte facciano pena. Che poi tu donna davanti al rotolo di pellicola cerchi di risparmiare. Fai degli strappi corti, riesci addirittura ad avvolgere un pollo arrosto con un francobollo di domopak. I maschi no. I maschi davanti a un rotolo di pellicola scialano. Un ettaro per avvolgere un'oliva. Io riesco a mettere in freezer sei orate con la stessa quantità di pellicola che un maschio normale impiega per avvolgere una carota. Se gli dici: "Amore? Metti per favore la pellicola sulla teglia con la pasta al forno avanzata che ce la mangiamo stasera?". Non fai in tempo a dire "pellic..." che loro...

frtttt... un campo da tennis di pellicola. Fanno proprio i giri intorno come se dovessero bendare, ingessare la teglia, fanno strati e strati fino a quando le forze li sostengono e il rotolo non finisce. Tanto che la sera per aprirla devi andar di fiamma ossidrica, come quelli che liberano la gente chiusa nei sottomarini.

Possibile che non riusciamo a fare dei bandoli, dei bandoleri che non siano stanchi?

L'APRIBOTTIGLIE

Perché esistono gli apribottiglie senza alette? Se mi spiegate il perché giuro che vi pago. Poco ma vi pago. Mi riferisco a quelli a forma di T con la maniglia orizzontale di legno e il fusillone di ferro. Quelli che li pianti nel sughero del tappo di Barolo e cento volte su cento il tappo si disintegra. Fa l'effetto delle navicelle spaziali quando entrano nell'atmosfera. Non esplodono ma quasi. Diciamolo una volta per tutte. È impossibile stappare una bottiglia di vino con quei cavatappi lì. Ci riesce solo il dio Thor. Secondo me li hanno inventati gli uomini per far vedere quanto sono forti. A differenza di quelli con le alette che li hanno inventati le donne per far vedere quanto sono furbe.

GLI ASCIUGAMANI CHE NON ASCIUGANO

E vogliamo parlare degli asciugamani che non asciugano? Che sono dei fogli di linoleum? Belli eh? Belli belli belli. Ma non asciugano. È come se ti asciugassi con la tela dell'ombrello. Ma vi ricordate gli asciugamani che usavamo da piccoli, di quella bella spugnona figa, che s'impregnava d'acqua, l'asciugamano diventava un'incudine, che se perdeva la lavatrice ne buttavi uno per terra e ti prosciugava anche i canali di Venezia? Adesso devi fare 780 lavaggi prima che comincino a fare il loro dovere. Allora non chiamiamolo asciugamano, chiamiamolo "asciugameno". Dài, su, un asciugamano che non asciuga è una cosa inutile, come un martello di porcellana o una dentiera di pongo. Ti spiego, amico asciugamanaio: la differenza fra un asciugamano che asciuga e uno che non lo fa, è come tirare su il sugo con la mollica del pane oppure col grissino. Rendo l'idea?

Su internet dicono che bisogna bagnarli nell'aceto. Ma ti sembra normale? Io devo condire un asciugamano perché funzioni? Non me lo puoi già fare che asciughi da subito? Il bancomat che ti ho dato per pagarlo, hai dovuto metterlo nell'aceto per caso? No! Ha funzionato al primo colpo.

PIUMONI E COPRIPIUMONI

Come tutti sanno, in Natura ci sono il letto e il copriletto, il divano e il copridivano, il piumone col copripiumone. Cose che vanno sempre in coppia come Fred e Wilma dei Flintstones. Un corpo e un'anima. Il problema però si pone quando devi cambiare il copripiumone, che è una roba in grado di farti venire l'ira funesta dei peli di Achille e farti andare il sangue in aceto. Di peggio c'è solo sostituire il sacchetto dell'aspirapolvere. È una delle operazioni più difficili che la razza umana debba affrontare ed è il vero motivo per cui la Natura ci ha dato il pollice opponibile.

Chiedetevi perché Leonardo da Vinci ha studiato il volo e l'anatomia umana ma il copripiumone l'ha sempre evitato? Sai le volte che mia figlia è corsa per tirarmi fuori? Allora. Prendi il piumone, lo sventoli come fosse lo stendardo delle Orsoline portato in processione, poi lo ribalti di qua e di là come facevano i paracadutisti della Seconda guerra mondiale quando arrivavano a terra, e poi ti cacci dentro. Stuart Little il topo: mi intrufolo nel copripiumone portandomi dietro un lembo del piumone. Di soppiatto. Glielo spunzono, glielo impernacchio dentro a braccia e se non basta a testate. L'unico problema è che quando sono avvolta dentro, con mezzo corpo nel sacco, perdo l'orientamento. Non so più dove ho la testa e dove i piedi. E allora, alla cieca, comincio a fare cose senza senso, mi divincolo, mi sbatacchio, mi rotolo, mi inturcino, tutto per ricacciarlo in mala maniera in fondo.

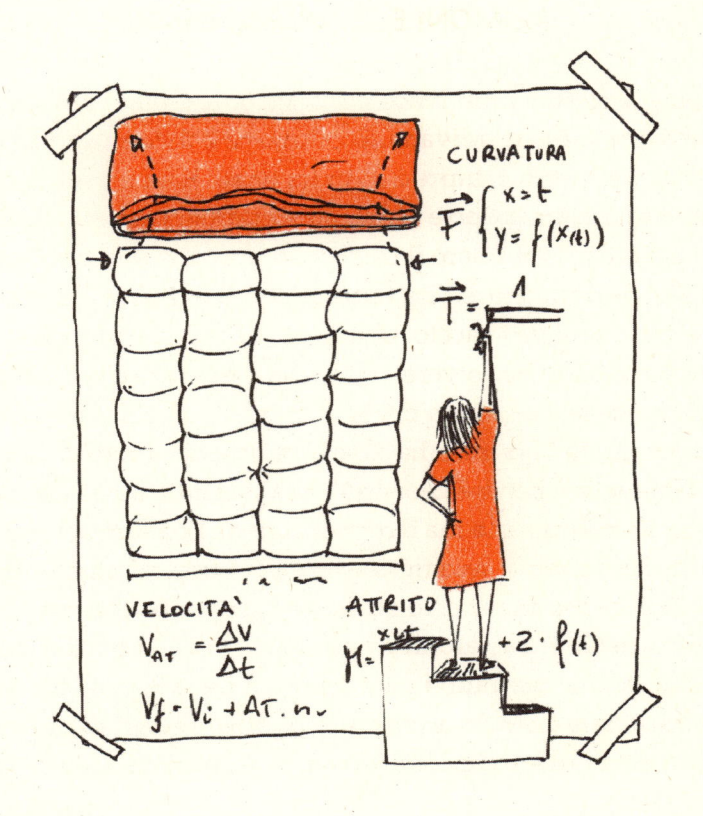

Sai quanto mi sale la pressione nell'operazione infilamento del copripiumone? In quella specie di bagno turco, respirando piumette e declamando le terzine dell'Inferno della Divina Commedia? Va detto che esiste anche qualche copripiumone che ha le fessure. In quel caso è tutto più facile, perché lo prendi mettendo le manine nei tagli laterali, lo ribalti come si fa con la testa del polpo, e poi scuoti forsennatamente che se non hai fatto la ceretta alle ascelle vedi proprio la criniera sventolare come fosse la carica del Settimo Cavalleggeri.

Per cui bene le fessure, ma come fai a saperlo se le ha o no? Mica c'è scritto sulla confezione! Non è difficile. Scrivetelo: "Copripiumone con tagli". Altrimenti, amici che disegnate copripiumoni, dovete fare così. Pensate al principio del panino. Il panino cos'ha di comodo? Che prendi due fette di pane, ne stendi una sul tavolo, ci ficchi dentro di tutto, e poi metti l'altra metà del pane sopra e fine. Non entri, dentro il panino, per farcirlo, giusto? Ne resti fuori. Ecco, amici piuminari: pensate al panino. Fate un meccanismo facile che non ci devi infilare la testa. Puoi rimanerne fuori.

I PROFUMI DEI DETERSIVI

Parliamo di questa moda demente di profumare i detersivi con essenze che non esistono se non nella testa tronata di chi li produce. Ormai non trovi più il detersivo al mughetto. No. Esistono detersivi soltanto a profumi insensati. Tipo: muschio bianco. Io do di matto. Ma tu l'hai mai visto il muschio bianco? Il muschio, che mi risulti, è verde. Marrone se mi diventa secco. Bianco non esiste. Ho controllato su Google. Infatti. Se lo sono inventati in laboratorio per imitare il famoso *Musk*, una sostanza che un particolare cervo tibetano spruzza da una ghiandola sotto l'ombelico quando è in pericolo. Una specie di scoreggia di cervo. Proprio quello che tutti vorrebbero annusare sulle proprie lenzuola.

Ma ti sembra normale che io debba scivolare nel sonno abbracciata a un cuscino che profuma di peto di cervo? E allora lavoriamo anche la cacca dei condor e la chiamiamo "Felce delle Ande" o "Licheno brasilero".

Ci sono anche detersivi al profumo "Oceano". Ma che ne so io di cosa sa l'oceano? Saprà di qualsiasi cosa. Di salsedine, ma anche di balena vecchia, conchiglie marce o ratto morto in un naufragio. Se mi trovo le mutande che sanno di aragosta defunta pensi che sia contenta? Poi fanno anche abbinamenti assurdi... Ametista, oro e fiori di Tiarè. Intanto Tiarè chi è? E poi. Che profumo ha l'ametista? E l'oro? Pecunia non olet, e l'oro olet di cosa? Oppure: Ambra e argan... Perché ambra e argan? Va per iniziale? Forse le combinazioni vanno in ordine alfabetico. Ambra e argan, banana e bronzo, cachi e cocco, salvia e sogliole.

Pensa che ho trovato un ammorbidente al profumo di orchidea e mirtillo, che non profumano né una né l'altro. Forse il mirtillo, toh, se lo schiacci sa di mirtillo. Ma l'orchidea... se c'è un fiore che non sa di una mazza è proprio l'orchidea. Io ne ho due davanzali pieni e vi posso assicurare che non profumano di niente.

Poi soprattutto: l'aloe vera. Perché? Esiste un'aloe finta? Un'aloe farlocca? I cinesi le taroccano?

Un'aloe che si traveste da aloe ma in realtà è un cactus? C'è un'aloe che si camuffa da basilico?

Comunque prima o poi vedrai: faranno l'ammorbidente al profumo di Olio di palma ma senza olio di palma.

LE CIALDE DEL CAFFÈ

Non finirò mai di ripeterlo. È proprio un tarlo che mi rode da anni, da quando ho accolto in casa mia la macchinetta per fare il caffè, quella con le cialde per intenderci, quelle specie di cappellini ripieni di polvere maron. Tu metti nel trabiccolo sto cappelletto, sto Mon Chéri colorato, sta bombetta, schiacci il pulsante tazzina, ideato per i deficienti come me che ancora si confondono con on e off, e in un battibalengo l'aggeggio ti spara fuori il tuo bell'espresso. Facile e veloce. E buono, tocca dirlo.

Peccato i nomi. Io vorrei conoscere personalmente l'addetto al battezzo delle cialde. Amico, quali sinapsi misteriose abitano il tuo cervello? Quale scecheraggio strano hanno subito i tuoi neuroni per farti partorire dei nomi così assurdi? Ve ne elenco qualcuno: *Volluto, Livanto, Linizio, Fortissio*. Ma che lingua è? Mi sembrano le parole scivolate che dicono gli ubriachi. "Questo spritz era davvero Fortissio... a Linizio mi sentivo benissimo, e poi ho Volluto esagerare..." Da poco c'è anche il *Carmelito*, mi auguro non ispirato al caffettino della D'Urso. Quello alla vaniglia, colpo di genio, originalità assoluta, si chiama... *Vanilio*. E quello al cioccolato *Ciocattino*. Almeno hanno un senso. Io non mi do pace... A dire il vero ce n'è uno con un nome normale: *Roma*. Che tu pensi: lo faranno a Roma... no. Lo coltivano in America centrale. Allora perché lo chiami Roma?! Potresti anche chiamarlo Pinerolo, Saluggia o Cortina d'Ampezzo... tanto è uguale.

Idea. Potrebbero dare i nomi ai caffè anche in base allo stato d'animo. "Giulivio", "Allagro", "Girazio", "Scoglionio" e "Incazzio". Se sei proprio giù invece del Nespresso prendi il "Depresso", e se sei ancora più giù vai di "Cicuta" in tazza grande.

L'APERTURA DEL TONNO IN SCATOLA

Sogno una grande riforma delle aperture a strappo del tonno in scatola... È l'anno 2018. Siamo in grado di clonare i macachi e non riusciamo a fare una scatoletta di tonno che quando tiri l'anellino non ti rimanga in mano? Che poi per aprirla tocca pugnalare il coperchietto con il coltello come Jack Nicholson in *Shining*? E il risultato nell'ordine è il seguente: che il tappo non riesci a toglierlo, il tonno resta dentro ma l'olio, invece, esce. E te lo versi tutto sulle scarpe di camoscio.

Stessa cosa succede con le lattine. Una volta tiravi l'anellino, la linguetta veniva via e tu la buttavi sans souci dove capitava. Poi, siccome i delfini si sono giustamente lamentati, adesso l'anellino resta attaccato alla lattina. Tu lo devi far ruotare e poi tiri. Bene. Peccato che almeno il 30 per cento delle volte il maledetto ti rimanga in mano... E a quel punto ciao. Puoi morire di sete. La lattina non la apri manco più con le bombe a mano. Puoi provare col piccone, con il fucile ad aria compressa, la spada laser, ma la Fanta non la bevi più. Io ho provato una volta con un cacciavite e il martello... hai presente un geyser? Uguale. Diciamolo. La lattina slinguata è inapribile. È l'evoluzione massima del concetto di bibita light, perché non riuscendo proprio a berla non ti fa ingrassare di sicuro. Tra l'altro questa nuova apertura è una delle cose più antigieniche che esistano al mondo perché, quando si apre la lattina, la linguetta fetida entra e sta a bagno nella Coca. Così, insieme alla birra o alla gassosa, stai bevendo anche polvere, acari, germi, insetti secchi e, non si esclude, escrementi di ratto. E che schifo che fa!

Amici costruttori di lattine di roba da bere. Aprite le orecchiette e tirate fuori la vostra linguetta: se uno si butta col paracadute, tira l'anellino e il paracadute non si apre, non è che si spiaccica. Perché c'ha quello di riserva. E allora? E allora: mettete l'anellino di riserva alle lattine!!! Ma ve lo devo dire io? Vi regalo il brevetto. Se volete mandarmi dei soldi vi dico anche a quale Onlus. E già che ci siete, prevedete dei tappi. Tappi per lattine. Dei Salvalebolle Beghelli.

Qualcosa. Perché non è possibile che quando stappi la lattina poi te la devi bere tutta di seguito se no si sgasa. Una Coca aperta, tempo dieci minuti e diventa liquido per pulire le dentiere... Prova a bere tutta una lattina di Coca fredda in una golata? Muori di rutto. Ti si blocca il cervello. Il terzo occhio la Coca te lo spalanca. Io non arrivo neanche a metà lattina, che sfiato già dal naso come i delfini.

LA DATA DI SCADENZA

E a proposito di prodotti, due parole sulla data di scadenza. Per carità, amici scatolari, per metterla la mettete. Peccato piccola. Peccato scritta usando come pennino un culo di formica, ma pazienza. Il problema è che la mettete a vanvera. Alla 'ndo cojo cojo. Ma perché non decidete una volta per tutte dove stampare la data di scadenza dei prodotti, che adesso quando la cerchi comincia la danza, e ti sembra di suonare le maracas, e su e giù, e guarda di lato e guarda di fianco... una mano alla cabeza e un movimento lento? Facciamo che la data di scadenza si mette sul fondo o sul tappo, per dire? Il bello è che poi la stampano tutta di seguito, una sfilza di numeri attaccati che non capisci una mazza. Non è una data di scadenza, è un Iban.

Altra demenza è che ci sono dei pacchetti o dei barattoli dove scrivono: "La data di scadenza si trova sotto il tappo" oppure "È sul fondo della bottiglia" o "Se guardi bene l'abbiamo messa di lato". Ma minchia, ma scrivimela direttamente lì, la data di scadenza?! Se sai che è il primo posto dove mi cade l'occhio, imbecille, invece di dirmi dove la scriverai. Poi nella dicitura usano sempre l'avverbio "preferibilmente", che è lungo mezzo metro. Quindici lettere. C'hai un tappo minuscolo e devi scrivere "preferibilmente"? Scrivi "entro il..." e bon.

LA SOTTILE LINEA GRIGIA

Vogliamo parlare di quando devi scopare? Scopare con la scopa, non altro. Quello non sappiamo manco più cosa voglia dire. Allora. Dicevo. Spazzi il pavimento, ok? Poi prendi la paletta e raccogli. Ma rimane ancora un filo di sporcizia e riraccogli, poi vai ancora avanti e ririraccogli e la cosa pazzesca è che rimane sempre, sempre sempre, il righino di porcheria. La sottile linea grigia. Sempre. *In saecula saeculorum amen*. Tu vai avanti, vai avanti, vai avanti... guarda, arrivi anche fino in Uganda e il righino di schifio rimane sempre. C'è gente che inizia a spazzare a Torino e arriva a Cuneo portandosi dietro la scia di schifezza... Cosa dobbiamo fare? L'ultima riga di polvere tirarla su dal naso con la cannuccia? Una volta che ancora andavano di moda le cartoline allora sì, perché con la suddetta tiravi su la rimanenza. Adesso ciao.

Amici che fate le palette. Potete farle che riescano a raccogliere tutto? Non che lascino il sentiero dei nidi di ragno? No perché alla fine dai nervi devi scegliere tra le due soluzioni. Due scuole di pensiero. Quelli che la schiferia residua la nascondono sotto il tappeto e quelli come me che la sparpagliano. Danno un ultimo colpo di ramazza e la seminano in giro. Io ho anche la formula magica: "Schifo merda che il vento ti disperda".

Aveva ragione un grandissimo, che lo ha detto chiaro e

tondo duemila anni fa: non c'è niente da fare, polvere sei...
e polvere ritornerai.

LA RACCOLTA DIFFERENZIATA

Per rimanere in tema... il prossimo governo dovrà occuparsi di raccolta differenziata. Allora. Intanto non ho mai capito come mai nelle grandi città ci sono quartieri dove la raccolta differenziata si fa e altri dove non si fa. E viene logico pensare: allora tanto vale evitare di rompermi l'anima a lavare i barattoli prima di buttarli nel vetro, a differenziare le bustine del tè – la carta nella carta, e il filtro nell'umido – se poi c'è qualcuno che butta pile, lische di pesce e violini rotti tutto insieme.

Ma a parte questo. Ultimamente esistono materiali nuovi che la gente non sa dove buttare, ad esempio i poliaccoppiati, che non sono quelli che ciupano con tutti, ma quegli imballaggi fatti con diversi materiali, tipo plastica e carta, come i sacchetti dei grissini. Ora, perché metti la finestrella trasparente di plastica sulla confezione di carta? Per far vedere che dentro il sacchetto ci sono davvero i grissini? Ma io mi fido, sai? Come la differenzio io? Cretino. Facitore di carta. E le buste della banca con le finestrelle trasparenti? Che devo mettermi lì come un ratto a sgraffignare fino a staccare la finestrella?

I tappi di sughero. Dove li metti? Nell'umido? Ma non sono umidi. Son secchi duri. Però è materiale naturale. Capisci? Una è già sempre di corsa, non è che può mettersi lì con la spazzatura in mano a far come Amleto, essere o non essere, secco o umido, questo è il problema...

Proposta. Non possiamo fare anche il bidone del dubbio? Il bidone amletico. Lo potremmo chiamare "C'è del marcio in Danimarca". Dove tu butti la schifezza che non sai dove cavolo mettere. Tipo il Tetra Pak, il cartone sporco delle pizze a domicilio, i pennarelli esausti e il Cuki alluminio. Che non è l'indifferenziato. È il bidone in standby. Tu butti lì, in attesa che nel futuro lontano salti fuori il modo di riciclarlo.

Vogliamo parlare degli imballaggi? Ormai non c'è più uno strumento elettrico o elettronico che non sia avvoltolato in un contenitore gigantesco e inapribile. Non parliamo di quelli dei televisori, che per smaltirli ci vorranno millenni; limitiamoci agli imballaggi dei caricabatterie da cruscotto, alle prese, agli auricolari, o ai rasoi da barba, per dire, che sono regolarmente chiusi in confezioni che per aprirle le devi far brillare. È più facile aprire la cassaforte di una banca di Ginevra.

Non è solo plastica, è una mutazione genetica della plastica, che battezzerei: plasticone. Il plasticone è un nuovo materiale durissimo, indistruttibile e inviolabile. Se il pianeta un giorno fosse spianato da un conflitto nucleare sono certa che resterebbero solo queste mostruose confezioni. Non le puoi aprire a mani nude, è impossibile, non ce la farebbe neanche Vin Diesel, devi ingegnarti con tutti gli strumenti che hai a disposizione: forbici, pinze, cesoie, rasoi, mazze da baseball... Quelle scatole lì non le devi aprire: le devi ammazzare! Secondo me le confezioni degli strumenti tecnologici sono la prima causa dell'aumento dell'aggressività della gente. Prova a incontrare uno incazzato come un puma e chiedergli: "Che ti è successo?". Il 90 per cento delle volte ti risponderà: "Ho dovuto aprire la scatola dell'epilady di mia moglie!".

E da ultimo. I sacchetti di mais del supermercato. Non smetterò di dirlo finché avrò fiato in gola. Ormai nessuno ha più neanche la forza di lamentarsi. Quando arrivi alla cassa del super hai soltanto un piccolo moto di ribellione, sibili a labbra strette un mesto *miiii...* abbreviazione di "minchia" (qualcuno tipo me che ormai parlo da sola aggiunge: "potevo portarmi la borsa di tela da casa che ne ho mille...") e poi imbusti con l'anima rassegnata.

Tanto lo sai come andrà a finire. La variabile sta solo nel contenuto. Dopo qualche minuto potrai raccogliere a scelta da terra gusci e tuorli di uova rotte, patate, litri di olio, vino, latte e champignons. Perché questo è il destino segnato delle buste di mais del super. Vita breve e fine certa. Il cliente deve solo sperare che la débâcle avvenga preferibilmente sul marciapiede e non sulle scale di casa o ancora peggio sull'ascensore.

Perché fate gli omertosi? Le buste di mais sono una bufala, lo sappiamo tutti da anni. Anche i commessi alla cassa lo sanno, infatti scuotono la testa rassegnati e, per sostenerti nella battaglia persa, le buste te le danno a manate, così puoi metterne una dentro l'altra e forse, con venti borse, venti metri riesci a farli. Vi prego. Col mais fate la polenta, non le borse! Mettetelo nell'insalata di riso il mais, non nei sacchetti. Come potete pensare che una busta fatta di pelle di uovo sodo riesca a reggere un fustone da due litri di ammorbidente?! Ma non tiene una carota. Con due banane sei già a rischio. Sai a cosa somiglia quel materiale? Alla pelle delle bolle che ti vengono sui piedi appena metti le scarpe nuove... Hai presente quando ti ustioni al mare e dopo un po' di giorni vien via la pellecchia a pezzi? Uguale. Stessa resistenza. Tu mi spieghi come posso io con quei sacchetti lì celebrarti vita, oh vita? E perché non provate a fare anche le mutande di mais? Amici? Così poi andate in giro con gli amici di maria che scendono in cantina?

Temo ci sia un'unica soluzione ormai: fare dei corsi per consumatori dove si insegni a tenere la spesa sospesa per aria come fanno i giocolieri del Cirque du Soleil.

L'ATTAK

Vorrei fare un appello a quelli dell'Attak. A parte che costa come un etto di caviale... però per carità, funziona. Le prime due gocce vanno giù come il miele. Schiacci, incolli sereno, ti incolli anche due o tre falangi, finito il lavoro ci metti il tappo, richiudi e riponi il tubetto nell'apposita cassettiera. Bon. Sembrerebbe tutto semplice. E invece no. Perché quando ti capita di spaccare di nuovo il manico della teiera e vai a riprenderlo, scatta la tragedia.

Tu lo sai che il tubetto è ancora mezzo pieno, lo vedi bello molle e ciccione, ma schiacci e niente. Non esce più niente.

Eh certo, perché l'Attak, come dice la parola stessa, attacca e soprattutto attappa. Attappa anche il suo stesso buco medesimo. "Eh ma metti lo spillino nel buco" ti dicono. Mettitelo tu lo spillino nel buco! Così poi ti rimane anche lo spillino incollato nel buchino! Ma non potete fare delle confezioni monodose? Come quelle del collirio eufrasia e camomilla? Perché continuare a vivere nell'ipocrisia?

L'Attak è come il maschio medio italiano. Promette di durare più volte ma cara grazia se funziona una ed è una per sempre. Sappiatevi regolare.

IL BUGIARDINO DELLE MEDICINE

Fatemi aprire una parentesi Picicì sulle medicine: i bugiardini, che già come nome non è che ti diano tante garanzie. Non so se lo avete notato anche voi ma da un po' di tempo a questa parte sono sempre più grossi. Diciamo enormi. Dei fogli A4. Temo dipenda dal fatto che più la medicina è portentosa e più aumentano gli effetti collaterali, tant'è che persino i medici ti consigliano di non leggerli. Ma come non li leggo? Voglio ben sapere cosa mi può capitare. E in effetti ti può capitare di tutto, malattie che neanche pensavi potessero esistere al mondo... Effetti collaterali: licantropia, irsutismo, visioni mistiche, improvvisa elefantiasi dello scroto, orchite e orchidee, diarrea a tsunami, daltonismo di fronte ai semafori, plissettatura dei glutei e forte attrazione sessuale nei confronti di Marzullo.

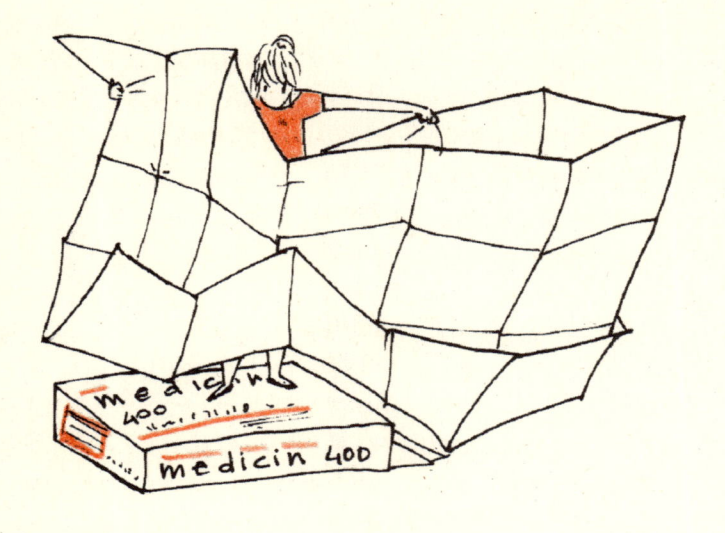

E non solo. Tu lo leggi una volta, poi lo ripieghi e non entra più. Non c'è verso. È più facile che un cammello entri nella cruna di un ago che un bugiardino rientri nella sua scatola. È più comodo piegare un paracadute che un bugiardino. Ma scusami, casa farmaceutica: non sei in grado di fare un foglietto che stia ripiegato bene nella scatola e io mi devo fidare che tu mi faccia una medicina che funziona? Io devo affidare la mia vita a te che non sei neanche capace di fare dei foglietti che si possano rischiaffare dentro le scatolette senza sclerare?

No perché, tu che fai? Pieghi una volta, pieghi due, schiacci tre, poi ti partono i nervi e ti restano da fare solo due cose: o ce lo ficchi dentro con la forza e alla scatola viene la gobba come Quasimodo di Notre-Dame, o lo butti. Poi, tempo tre mesi, prendi la scatola, dentro non c'è più niente, leggi il nome, Fratatan, e non ti ricordi più a che cosa serviva la pasticca. Ma non è più comodo scrivere sopra la scatola una breve sintesi, tipo: "Mal di culo. Prendere una la mattina e una la sera"? Fine.

IL GASTROPROTETTORE

A proposito di medicine: adesso insieme a ogni medicina che ti prescrivono, per qualsiasi male, devi anche prendere il gastroprotettore. Ti dicono: "Prenda questo farmaco, ma prenda anche il gastroprotettore, mi raccomando". Antinfiammatorio? Gastroprotettore. Antibiotico? Gastroprotettore. Cardioqualcosa? Gastroprotettore. Ma scusami. Non possono aggiungerlo loro da subito? Mentre impastano gli ingredienti della pastiglia come alla "Prova del cuoco" ci mettono dentro anche un pizzico di gastroprotettore?! Mi viene da pensare che lo facciano apposta per farcelo comprare a parte rimpinguando le loro tasche.

La riflessione è semplice: ma quando compro una padella, per dire, me la danno già con il manico (magari che si ribalta, ma quello è un problema successivo...)! Non è che mi dicono: "Guardi che però se la prende in mano si brucia, compri a parte il manico". Possibile che per curare la cervicale devo per forza farmi un buco nello stomaco? Non posso prendere una cosa che mi faccia bene e basta? Anche perché... vuoi che il gastroprotettore non faccia danni? Cos'è il gastroprotettore? Dio? Che non ha nessun effetto collaterale? Io sono certa che tanto alla fine parte la catena. Per evitare i danni del gastroprotettore, prendi l'antibiotico, per curare i danni dell'antibiotico, prendi il paracetamolo, per evitare gli effetti collaterali del paracetamolo prendi dell'antistaminico...

Sai cosa prendo io? Dell'antistaminchia. Esiste? Ce l'avete? L'antistaminchia è una medicina a copertura totale.

I CONTAGOCCE

Vorrei dire due parole anche sui botticini delle medicine. Partiamo dall'inizio. Già per aprirli ci metti due ore e un quarto perché hanno il tappo di sicurezza per i bambini che non serve ad una mazza perché il bimbo preme e gira, essendo bambino ma non scemo, a differenza dell'adulto che invece non è in grado di fare le due cose contemporaneamente. Soprattutto l'adulto maschio. Il maschio dell'homo sapiens prima preme e poi gira, poi si accorge che non funziona e allora cambia, prima gira e poi preme, poi gli parte la briscola, prende il botticino lo schiaffa contro il muro e va a prendere il Moment in pastiglie.

Lo dico alle case farmaceutiche. Se volete che i bambini non tocchino le medicine fate dei flaconi a forma di finocchio cotto, che per i bambini è il vero anticristo. E adesso parliamo dei contagocce. Una volta facevano i contagocce con la pompetta di gomma e il beccuccio di vetro, che tu pompavi e contava veramente le gocce. Eri tu che decidevi se far scendere la goccia, facendo *prot prot*, premendo la pipetta e spompacchiando. Nessuno che si lamentasse, tutti vivevamo felici e contenti con le nostre pompette di gomma.

Adesso no. Adesso mettono quel chiangoncino di plastica, quella ghiera impestata con i buchi laterali che le gocce non le conta, e sai perché? Perché non scendono. Se ti va bene ne scende una ogni mezzora e fai in tempo a farti passare il male da solo. Oppure la goccia esce dal buchino e... si ferma lì. Bella lucida e tonda. Enorme. Una goccia da un litro. E allora cosa fai? Dici: "Ci sarà una bolla d'aria", soffi e le gocce ti vanno tutte negli occhi. Una sventagliata di Novalgina nella cornea che non ti fa passare il mal di testa ma ti fa venire la congiuntivite e anche tanta voglia di spiegare alle case farmaceutiche cosa è comodo e cosa non lo è, adoperando però un bastone foderato di carta vetro.

Oppure il contrario. Per tre ore non va giù una mazza e poi improvvisamente scendono ottantasette gocce tutte insieme, che non riesci manco a contarle tanto vanno giù veloci. Amici della farmacia: tornate a fare le pompette. Ve lo chiedo proprio come favore personale. Grazie.

I BLISTER DELLE SUPPOSTE

E i blister delle supposte? Parliamone. Per fortuna che non vanno più tanto di moda... La nostra generazione è cresciuta a supposte. A cinque o sei anni eravamo come la rampa di lancio di Cape Canaveral, con missili che partivano tutti i giorni. Adesso alle supposte mettono i fuseaux. I leggings. Le strizzano in confezioni aderentissime che per aprirle devi prendere la dinamite... sei lì, che se hai bisogno di una supposta qualcosa non gira, quindi avresti una certa fretta, e invece tiri e schiacci e schiacci e tiri, e quando finalmente riesci a tirarla fuori la supposta ha cambiato forma. Invece che a un siluro somiglia a un cubo di Rubik. E poi prova a infilare un dado a un bambino che si muove ad anguilla! Parlo un attimo con quelli che confezionano le supposte. Avete mai visto una cosa che si chiama "caramella"? Ecco. Fatele così, le confezioni per supposte. A caramella. Che si scartano. Ve ne saremo grati.

LA PRESSIONE NEI TUBETTI DI POMATA

E già che ci siete: potete fare qualcosa per controllare la pressione dei tubetti di pomata? Che ci sono dei tubetti che tu li apri e *prrrttrtrt*... già ti esce mezza confezione. Sembra quasi una roba porno. L'insostenibile leggerezza della pomata. Hai la sensazione quasi che parli: "Ciao! Sono la tua pomata! Eccomi qua!".

Qualcuna ti prende proprio in giro. Perché quando esce fa anche la pernacchietta. *Prot...* Ma perché? Ma io ti pago e anche cara, pomata mia. Non è che puoi venirne fuori subito mezzo chilo che poi ti spreco.

Sai che dicono che per contrastare il problema delle occhiaie funziona mettere la pomata per le emorroidi come contorno occhi? Secondo me è nato tutto da lì. Dal tubetto incontenibile. Una signora cercava una cura per il suo problema al lato B, ha premuto il tubetto, ne è uscita una dose che era troppo anche per un elefante, e con le dita tutte inzaccherate si è detta: "Senti, per non sprecarla...".

LE PASTIGLIE

Le pastiglie medicinali possono essere di due tipi. O dei siluri lunghissimi come bottoni del Montgomery, che per inghiottirli devi avere l'esofago di un pitone reticolato, visto che quando li butti giù si mettono di traverso e ti sembra di avere ingoiato una vite a farfalla, oppure dei confettini minuscoli, piccolissimi, il Viagra di Pollicino.

E facilmente, di queste minipastiglie, ti dicono che ne devi prendere metà. E come faccio a prenderne metà? Sono grosse come un'unghia di mignolo di neonato, come faccio a spezzarle? Chi sono io? Benvenuto Cellini?

Quindi succede questo: che tu prendi la cartuccera dalla scatola, spremi come fosse una pallina di pluriball e tiri fuori la pastiglia. Che in effetti ha un taglio a metà. Peccato che sia delle dimensioni di una caccola di naso e non riesci a fare pressione e a spezzarla. E allora cosa fai? Col coltello le decapiti. Prendi la mira e... *tan!* La tagli. E lì sei certa, matematicamente certa, che almeno una metà viene di fisso sparata nello spazio. Entra in orbita insieme a Nespoli. Io sono sicura che le scie chimiche non sono altro che mezze pastiglie sparate nel cosmo. Oppure, altra opzione, cadono per terra. E vanno dove? Sotto il frigo. O sotto la lavatrice. O sotto il gas. A loro non importa, basta andare sotto qualcosa. Stare semplicemente lì sul pavimento lo trovano banale. Poi passa il cane, snufia e se le mangia. Perciò hai poi il dobermann che viaggia con la pressione a dieci perché si è sbafato tutti i mezzi pezzi di Olpress.

Ma può capitarti di peggio. Ti può succedere che ti dicano di prenderne un quarto. Capisci? Un quarto... un bosone! Tu prova a tagliarne un quarto! Si sbriciola tutto, diventa pulviscolo. Cosa fai? Lo tiri dal naso come fosse coca?

Come fai a inghiottire della polvere? Tra l'altro ste pastiglie son sempre amarissime, sapessero almeno di cotechino o chantilly. Appello alle case farmaceutiche: perché non ci fate delle pastiglie già tagliate in quattro pezzi e poi, se serve, uno li ingoia tutti e quattro, oppure solo due, o uno, a seconda della prescrizione del medico?

IL TELECOMANDO PERDUTO

Parliamo anche dei telecomandi tv e domandiamoci: perché da sempre si perdono negli spazi infiniti? I telecomandi sono la cosa che si perde di più al mondo. Puoi averne anche uno grosso come un cane da caccia, entra sempre nella quarta dimensione. Forse sta proprio nella sua natura di telecomando perdersi, è scritto nel suo DNA. Soprattutto dove? In mezzo ai cuscini del divano. Telecomando e sofà sono un'associazione a delinquere di stampo mafioso. Uno è perennemente latitante e l'altro gli dà rifugio. E neanche a chiamare le forze speciali, perché se non hanno trovato Igor nelle paludi, che era grande e grosso, figurati un telecomando incastrato dentro a un divano. Oltretutto li fanno neri! Telecomandi neri, nel buio nero, della notte nera, sul divano nero. Fateli stroboscopici almeno, porca l'oca, fateli fluo, fateli che puzzino come le cimici, almeno seguo l'odore. O se no, che ogni venti secondi emettano un barrito. Non capisci più una mazza di quello che dicono in tv ma almeno se vuoi cambiare canale sei facilitato.

Poltronesofà? Invece di star lì a menarcela con gli artigiani della qualità, producete anche un telecomando di qualità, lungo come il divano, grosso come un sofà. Se no tutte le volte parte la caccia al tesoro e finisce che di sicuro il telecomando non lo trovi, ma in compenso recuperi la qualsiasi... persino il dente da latte di tuo figlio che adesso è al primo anno di università... manette di peluche, una carota, la patente, un calzino, un profilattico chiuso, una matita, una manciatina di briciole di cracker, due caramelle Valda...

L'ORARIO DELLA PRIMA SERATA

Eh, lo dico. Lo dico da anni. E lo ridico qui. Ma tanto so che non ci sentono. Come mai la prima serata della nostra tv comincia ufficialmente alle 21.15? Non lo sanno che la gente la mattina lavora? Se stiamo svegli fino a mezzanotte per vedere la fine della trasmissione poi chi ci va la mattina a prendere il treno alle sei? Ditelo al direttore della Rai. E anche a quello di Mediaset, che figurati se non lo conosce. Prima delle nove di sera non parte nulla. Se non i tuoi nervi. È proprio una scelta cretina e ottusa. La televisione on demand ti permette di vedere ciò che ti piace all'ora che preferisci e invece la tv generalista ti sfianca con ste attese infinite.

E poi c'è un dato di fatto. Ormai abbiamo tutti la soglia di attenzione di un pesce rosso, non siamo in grado neanche di aspettare che venga su il caffè nella moka e ci compriamo le cialde per fare prima, non ci parliamo manco più al telefono ma mandiamo messaggi vocali per non perdere tempo (il messaggio vocale è la comunicazione più onanistica che io conosca) e dobbiamo aspettare le ore prima che cominci il film che poi si interromperà quelle sette o otto volte con scarrettate di pubblicità?

Vi svelo questa grande verità: la gente dopo cena ha sonno. La digestione fa calare la palpebra, è una reazione fisiologica, il sangue defluisce dal cervello, si sfionda nello stomaco e sale l'abbiocco. E tu me la meni le ore? È come per il sesso. Belli i preliminari, per carità, ma dopo un po' sfiancano. Devi per forza arrivare al dunque. Poi ci stupiamo se calano gli ascolti. Calano gli ascolti perché calano le palpebre. Mettetevelo in testa, grandi soloni della tv.

LE LENTI UNTE

Com'è possibile che le lenti degli occhiali siano una delle cose che si ungono di più al mondo? Non sono mica fatte di teflon come le padelle! Eppure vi si deposita sopra ciò che di più unto esiste in Natura, compreso l'olio in cui hai fatto saltare gli spinaci. Succede a tutti? O solo a me che al posto delle pupille ho due olive taggiasche? Non è possibile inventarsi delle lenti inungibili?

Lo stesso problema c'è con i berretti, i cappelli e i caschi da moto. Te li cacci in testa, tempo una manciata di secondi e hai il bulbo che traspira olio di palma.

Scusa, hanno inventato le Geox che non fanno sudare il piede, non possono fare dei cappelli traspiranti? Non è che possiamo metterci una Geox in testa.

LE CUSTODIE DEGLI OCCHIALI

A proposito di occhiali... ho una richiesta sulle custodie. È possibile farle un po' più piccole, visto che adesso il trend è di inventarsele mastodontiche, grosse come quelle di un contrabbasso? Volendo le potresti usare come urna cineraria. Sembrano Sputnik. Pentole per aragoste. Tu me lo dici come faccio a inserirla, sta custodia da macchina da cucire, dentro la borsetta? Tra l'altro adesso abbiamo pure le pochette minuscole che al massimo possono contenere due dadi da brodo. Fate una custodia col gancio traino allora, che me la porto dietro come una roulotte?! Sai che ormai le hostess sull'aereo te le fanno mettere nelle cappelliere? "Cortesemente, signora, la valigia e la custodia per gli occhiali nel vano bagagli per piacere..." Ma poi le forme! Quelle a forma di occhiale non esistono. Sono a forma di fagiolone, di fegato, di Sacro Graal, di custodia per le bocce... E le custodie trappola? Ne vogliamo parlare? Che oltre a essere enormi hanno la molla che quando le chiudi scatta e ti trancia via un paio di falangi? *Sladan!* Devi fare in fretta se no è come aver chiuso le dita dentro la portiera della macchina!

LE LAMPADINE

Parliamo di lampadine. Una volta per comprarne una dovevi solo decidere se la volevi da 15, 40, 60 o 120 watt. Era facile. Era un gesto semplice della vita. Andavi dal ferramenta e chiedevi: "Mi dia una lampadina che mi si è bruciata quella in bagno". E fine. Adesso anche questo è diventato complicatissimo. Intanto come minimo devi dire: "Ha mica un led per un faretto a incasso?". E poi sentire loro che ti rispondono: "Lo vuole alogeno? A basso consumo? Luce calda o fredda? Macchiato a parte?". Ma che ne so, non sono mica un direttore della fotografia, voglio solo una lampadina!

Certo, perché adesso di lampadine ce ne sono milioni di miliardi di tipi: e al neon, a led, e a basso consumo, la lampadina ad attaccatura larga, quella ad attaccatura stretta, quella larghissima, quella fatta a fiamma, quella a nespola, quella a melone. Sfere dei manga. Attacchi a baionetta, a clip, a incastro. Ci sono più modi per attaccare una lampadina che tipi di ganci per il reggiseno. Ormai ti conviene andare direttamente al negozio con l'abat-jour per non rischiare.

E vogliamo parlare delle alogene? Le alogene sono quelle lampadine che devi infilare fra due pispolini che sembrano gli elettrodi di Frankenstein. Son quelle lampadine che mentre il ferramenta te le impacchetta ti dice: "Mi raccomando, quando la avvita faccia attenzione, non la tocchi assolutamente con le mani". Abbi pazienza, amico mio. Come faccio ad avvitare una lampadina senza mani? Con cosa la monto, col...

Come si fa a mettere una lampadina senza toccarla? "Semplice" ti dice il negoziante, "la metta tenendola nella confezione." Certo. "E allora si metta lei queste mutande. Senza toccarle però, se le metta quando sono ancora nella scatola." Così, con l'umore più nero della polvere da sparo, vai a casa e provi ad avvitarla senza toccarla, magari con due cotton fioc come fossero le bacchette dei cinesi. E lei non si

51

accende. Che non capisci se il motivo è che l'hai messa male o perché l'hai toccata con le mani... Così finisce sempre nello stesso modo: ti viene voglia di toccare con le mani chi te l'ha venduta, per vedere se magari si accende lui.

GLI SCHERMI DEI CELLULARI

Altra Picicì. Parliamo degli schermi dei cellulari: sono la cosa più fragile che esista in Natura dopo i fiocchi di neve, le ragnatele e la carta dove ti mettono il pesce, che si disfa nella borsa e la trota si mescola con le carote. La storia è sempre la stessa. Appena il cellulare ti cade, lo schermo si incrina o si spacca e sopra si forma la cartina dell'Africa. Domanda. Di cosa li fate sti schermi? Di marzapane? Di zucchero caramellato? Li fate di vetro di Murano? Ho visto degli schermi di cellulare che sembra siano stati massaggiati col crick.

Voi conoscete un adolescente che non abbia il vetro del telefono frantumato? Io no. Tutti sfracellati, dei caleidoscopi. Chi ha ancora lo schermo intero si vergogna. Mio figlio in mezzo ha addirittura una specie di Fossa delle Marianne, altri hanno solo tante piccole rughe come Berlu se lo vedi da vicino. Possibile che i facitori di telefoni non siano in grado di fare degli schermi che non si rompano? "Eh ma devono essere di vetro." Ho capito, anche i parabrezza sono di vetro, ma non è che il primo pappatacio che ci si schianta sopra li rompe!

Con tutta la tecnologia che mettono in campo! Cellulari che segnalano i relitti alla deriva, che fanno da navigatori nei rally e scambiano i dati con la Nasa, e poi lo schermo lo fanno di pasta sfoglia? Consistenza e tenuta di una foglia di origano secca? Poi quando si rompe lo porti a cambiare dai cinesi perché costa meno, ma va a finire come la navicella spaziale: tempo due settimane e perde di nuovo i pezzi. E non nel Pacifico.

Richiesta. Invece di menarcela con settantamila optional inutili, dalla app per trovare i sentieri di montagna a quella che ti avverte se nel raggio di cento metri c'è un cane che vuole accoppiarsi col tuo, non potete fare uno schermo infrangibile? Se no mi viene da pensare che lo facciate apposta.

È che siamo tutti matti. Avete letto di quelli della Apple? Hanno costruito una nuova sede fichissima e supertecnologica con le pareti tutte di vetro. Peccato che ogni due per tre ci sia un dipendente che non si accorge che c'è il vetro e si sfrittelli contro. Si schiantano come mosconi sul parabrezza. All'improvviso si sente uno *sdong!* e... "Oh, dev'essere l'ingegner Johnson che ha beccato un'altra volta la parete!"...

I vertici della Apple dicono che hanno scelto il vetro perché ha un bassissimo impatto ambientale. Eh, ho capito, ma l'impatto umano è terribile, però! Alla Apple ci son tutti gli ingegneri con il naso da pechinese! E attenzione: stiamo parlando di un posto dove lavorano le più belle menti del pianeta, gente con un cervello grande come la provincia di Isernia... poi si alzano, fanno tre passi e prendono a testate le porte.

"Ehi Bill, guarda questo algoritmo, vengo un istante da te e..." *sbadabang!* Alla Apple non contano gli scatti di anzianità, contano i punti di sutura. Che poi, da donna, vorrei sapere: per far venire i vetri così puliti cosa adoperano laggiù nella Silicon? A me con l'alcol e "La Stampa" non vengono così lindi. Forse è perché come giornale usano il "Washington Post"? A meno che non si tratti di una tecnica per sfoltire il personale... alla quinta capocciata o muori o ti licenzi per la disperazione! Comunque sempre meglio quello che sta succedendo nella Silicon Valley dove i dipendenti sbattono per entrare, che da noi in Italia dove vengono sbattuti fuori.

GLI ADATTATORI

Ho una richiesta ufficiale. È possibile che il nuovo governo faccia qualcosa per eliminare gli adattatori dalle nostre vite? Che a ogni ora del giorno e della notte nelle case degli italiani riecheggia un unico grido: "Hai visto l'adattatore? Dov'è finito l'adattatore? Chi ha preso l'adattatore?". Tu ti ricordi perfettamente di averlo lasciato lì, attaccato al phon, ma quando vai a prenderlo non c'è più, perché tuo figlio l'ha messo nella presa per caricare l'iPad nell'altra camera. Ci sono case che hanno centinaia di adattatori che manco al Cern di Ginevra.

Io capisco se vai in America o in Cina: ci sta che ci siano prese diverse, ma in Europa perché non possiamo fare delle prese che abbiano tutte lo stesso tipo di buchi e le spine tutte le stesse dimensioni? È un compito impossibile per l'Europa? La biodiversità non frega mai davvero a nessuno, tranne che per i buchi? Si estinguono specie su specie, e sui buchi invece stiamo attenti a conservarne di tutti i tipi?

Ma siamo stati in grado di fare una moneta unica, com'è che non possiamo fare una presa unica?

Ci sono gli adattatori cicciottelli a due buchi, quelli piatti a tre buchi, singoli, multipli, adattatori all'americana, alla tedesca, alla francese, alla polacca, neanche di sistemi elettorali ne esistono così tanti... Sembra che l'Essere Umano si sia evoluto nel corso dei millenni solo per creare nuovi adattatori! Se la Merkel e Macron pensassero di più ai loro buchi, e si mettessero lì di buona lena durante un G8 o G20 o G-quanti vogliono, non potrebbero decidere di fare uno standard unico?

Per un'Europa davvero unita sotto lo stesso buco! Scegliamo il migliore, il più giusto, il buco di cui tutti andiamo fieri, e facciamolo diventare il buco d'Europa, per la miseria.

Ho finito.

IL PORTINAIO

Perché si estinguono i portinai? Fermiamo questa diaspora. Piuttosto classifichiamoli "specie protetta" come l'orango di Sumatra e il rinoceronte di Giava. Il portinaio è quell'essere magico che vive in bugigattoli di fianco alle scale da cui esce odore di cavolo bollito, con la finestra che affaccia sull'androne. Tu entri cercando un amico, o il dentista, e senti una voce dall'alto che grida: "Dica?!". Un essere umano pagato per non farsi mai i fatti suoi. In pratica l'incarnazione umana di Facebook.

A Milano la maggior parte sono filippini, che sono sempre cortesi e gentili proprio di natura. Semmai c'è da fare attenzione a quello che capiscono perché, se è da poco che stanno in Italia, magari tu cerchi il sarto al primo piano e loro ti mandano da quella all'ultimo che ti prende le misure anche lei, ma in un altro modo.

E poi mi piace che a presidiare le case sia un umano invece di un videocitofono, quell'orrenda telecamera grandangolare che fa sembrare tutti dei Ciclopi. Senza contare il problema degli acquisti su internet.

La gente lavora, compra le cose sul web e poi se non c'è nessuno che ritiri il pacco è un casino, perché le merci finiscono in depositi sperduti, dislocati in zone della città che manco sapevi esistessero. Ma come mai? Perché i pacchi ce li spedite sempre in quei posti dimenticati da dio, in quelle aree 51, in quei triangoli delle bermude delle anime perse? In vie mai sentite nominare, strade immaginarie, corsi che non esistono nelle cartine, tipo via del Bottone, via della Scrofa Clara, via dei Sommi Maroni... Che persino il navigatore non sa. Chiede lui ai passanti. "Scusi. Per. Favore. Via dei Tappi Nobili per cortesia." Con degli orari tipo dalle nove alle dieci solo i giorni dispari. Ma non me li puoi depositare in un posto normale che ci arrivo col pullman? No, niente. Son quei misteri che l'umano non riesce a comprendere.

NON CI STO fuori

IL MONTANTE DEL PARABREZZA

Ma com'è possibile che si producano macchine sempre più tecnologiche, cruscotti che sembrano cloche di aerei, automobili che si aprono con lo sputo perché riconoscono la saliva del proprietario e poi continuiamo ad avere il montante del parabrezza largo come il cranio di Frankenstein, che ci preclude gran parte della visuale?! Mi riferisco a quel pezzo di lamiera rinforzata che tiene su da una parte e dall'altra il parabrezza. Quell'apostrofo in plastica tra le parole "non vedo" e "una minchia". Quel tocco di zinco e plastica che forma un angolo cieco che o tu sei una delle donne di Picasso, con un occhio più su e uno più giù, e allora riesci a sbirciare qualcosa, oppure ciao.

Mi rivolgo a te, amico motorino che mi sgusci di fianco all'improvviso; a te, simpatico ciclista convinto di vivere ad Amsterdam invece sei a Pinerolo: per quale motivo mi spunti sempre dall'angolo sguercio? Loro, i produttori di automobili, si giustificano dicendo: "Eh, ma fa parte della scocca, ci dev'essere per forza, se no come lo tieni su il vetro?". Ho capito. Ma tienilo su in modo che si veda la strada, cacchio! Risposta: "Eh ma non è proprio possibile". Come non è possibile? Ma se facciamo i femori di titanio, le dentiere in zirconio, le rotule in polietilene... non riusciamo a fare un montante trasparente che ci permetta di vedere attraverso?

Non posso comprarmi una decappottabile per ovviare al problema, perché poi a gennaio alle sei di mattina mi devono massaggiare i piedi con l'alcol come nelle spedizioni polari. Ma com'è che non si riesce a risolvere la questione? Non c'è un cervello in fuga che vuole rientrare e disegnarlo lui? Non so, un mastro plasticaio che con le sue magiche manine crea il montante trasparente?

Comunque, mi sono informata: il montante sinistro, per essere il meno pericoloso possibile, deve essere angolato di circa sei gradi. Perfetto. E scusate: come cavolo fai a capirlo? Cioè, quando vai a comprare l'automobile, ti metti lì con le squadrette? Oppure lo chiedi al concessionario: "Guardi, non m'interessano il climatizzatore, i fendinebbia e i sedili riscaldati... mi dica com'è angolato il montante sinistro"...

Sentite. Faccio io. Parlo un attimo con i capi della FCA, la più importante fabbrica di automobili italiane in America. Cortesemente, amici, eliminate sto montante delle balle! Fateci questo santissimo favore. Tra l'altro l'azienda ha un nome fortemente femminile, FCA: vedrete che eliminandolo venderete un sacco di auto in più soprattutto alle donne, che peraltro guidano molto meglio degli uomini. Già. Non so se lo sapete ma, da un nuovissimo studio commissionato dall'Unione Europea, risulta che le donne al volante siano super. Tiè. No. Tiè è poco. Tiè tiè tiè. È statistica eh? Non è che me lo sono inventato. E i maschi sempre lì a dire: "Donne al volante pericolo costante", e "Donne e motori son gioie e dolori". Una grandissima mazza, caro mio. Siamo più prudenti, più attente e andiamo più piano.

E quindi paghiamo anche meno di assicurazione. "Donna al volante polizza costante", altroché.

È vero che non prendiamo tanto bene le misure, questo sì, che quando dobbiamo posteggiare diamo un colpo al cerchione e uno alla botte, ma è colpa vostra che ci avete fatto credere che una spanna sono venti centimetri. E a voi maschi rode. Ci detestate d'ufficio. Se al semaforo vedete una donna al volante strombazzate a prescindere, sembra di stare a un concerto di Nek. È come se il clacson fosse la prolunga del vostro walter. Guardate che a usarlo troppo gli altri diventano sordi ma voi diventate ciechi.

LE CALZE DEBOLI

Parliamo di calze. Dunque. Una volta compravi le calze, di cotone, di filo o di lana, e ti duravano anni. Adesso, com'è come non è, tempo quattro giorni si bucano. Fine. Anche se non hai le unghie a sciabola. (Ci sono maschi che al posto dell'unghia hanno una squama di coccodrillo, uno spunzone di Sasso di Matera. Se il creatore, e qui devo fargli un appunto, ci avesse visto lontano, ci avrebbe fatto i piedi senza dita, come le oche.)

Dicevo delle calze. Belle son belle, peccato che non durino niente, sia che le compri a un euro dall'ambulante, che a trenta nel negozio bello. Alla fine esce sempre il ditone. Il grande fratello. La domanda è: ma di cosa le fate ste calze? Di mais come le borse bio? Di bava di ragno e scia di lumaca? Ma scusa. Un paio di calze di lana non può durare mezzora. Allora scrivetelo sopra: come per i fusilli dove è segnato il tempo di cottura, sulle calze metti il tempo di foratura. Si fora in dieci minuti. Bon. Tu lo sai e ti metti il cuore in pace.

Qualche calza per fortuna ti avverte, che si sta bucando. Facendo cosa? La filigrana. La maglia a colino. Ecco. Bene. Ed è qui che deve intervenire il governo. Io vorrei una legge, una regola che ti dicesse fino a quando le calze filigranate possono ancora essere indossate e quando è tempo di buttarle. Perché il mio rovello è questo: quando il calzino non ha ancora il buco ma ha tipo una griglia di prigione, quando lo vedi, che sotto affiora il rosa del ditone, che fa l'effetto flou tipo telecamera di Berlu, si mette ancora, o lo butti via? Gli si dà ancora una chance, o per te, calza smangiata, X Factor finisce qui?

Secondo me è già da buttare. Una calza così se la metti e vai a fare la spesa quanto ti fa ancora? Quanto una Ferrari con un flûte di benzina, te lo dico io. Le più infami cedono di punto in bianco e senti proprio nella scarpa il momento in cui si apre il buco, un freddo improvviso e un raschio sinistro. E se stavi andando dal medico o a comprare gli stivali, sudi freddo. Dal piede, proprio.

Comunque io credo anche di avere capito perché le calze fan così. Perché è venuto a mancare il loro nemico naturale e non lottano più per la sopravvivenza. E sai qual era il nemico naturale della calza bucata? La mamma con l'uovo di legno e l'ago per i rammendi. Le calze un tempo sapevano che se si bucavano c'era qualcuno che le prendeva, gli piantava l'ago dentro e le suturava a bugnone storto e quindi si bucavano di meno. Perché avevano paura. Perché c'era il predatore. Adesso se ne fregano. Tanto sanno che le bagiane di oggi non sanno rammendare. Pensano: Che me ne fotte... tanto quella scema, figurati, al massimo mi usa come straccio per levare la polvere. Mi buco quando minchia voglio, tanto le vecchiacce con l'ago non ci sono più.

LA DOPPIA ZIP

Le zip dei piumini e dei giacconi oggi le fanno doppie, non si capisce come mai. Forse perché puoi lasciare un pezzo aperto sopra e un pezzo aperto sotto. Che tra l'altro non frega a nessuno e se capita è sempre una casualità. E soprattutto, peccato che s'incastrino sempre! Tu cerchi di tirarle su e... *trapatan*, si incastrano giacca e lampo in un unico blocco, tirandosi dentro piume e piumette, arano tutto quello che trovano, tu tiri isterica facendo il muggito del varano, e loro si incagliano come navi nel ghiaccio. E più il piumino è bello, più è di qualità, e più lo spiumi tirando su la cerniera.

Ma abbi pazienza. Facciamo delle pinzettine microscopiche per tirare il naso ai microbi e non riusciamo a fare due pezzi di ferro che non si mangino la stoffa? E il bello è che le chiamano anche chiusure "lampo". Ma lampo cosa, che ci metti delle mezzore ad aprirle? Chiamale "tuono", che è il suono che faccio io con la laringe mentre tiro con tutta la forza bruta che possiedo.

Che poi, noi donne in qualche modo ce la caviamo... ma gli uomini no! Voi uomini avete la manualità delle foche! E allora venite da noi, prigionieri del giubbotto, come se fosse una camicia di forza! Se non ci fossimo noi non sareste mai in grado di liberarvene, rimarreste prigionieri a vita.

LA SCOMPARSA DELLE MERCERIE

E perché non rammendiamo più? Perché... come facciamo a rammendare se sono sparite le mercerie? Dove li compriamo l'ago e il filo? Io capisco che nessuna donna si mette più lì a cambiare l'elastico delle mutande o a fare le asole a mano, qualcuna c'è, sì, ma son rare... ma un bottone sì. Un bottone anche quelle come me ce la fanno. Peccato che dove lo compriamo sto bottone? Da Mediaworld? All'Ikea? Se in una camicetta perdi un bottone sei rovinata.

Come dobbiamo fare per trovare un bottone? Ricavarlo dall'osso del prosciutto? Dobbiamo intarsiare la madreperla, dopo aver comprato mezzo chilo di ostriche in pescheria? Le merciaie si sono estinte come il dodo. Proteggiamole. Le mercerie per noi sono come le ferramenta per gli uomini. Abbiamo bisogno di quei negozi che entravi e... *din don* c'era la merciaia sepolta sotto torri di scatole e spilli, con le signore anziane che stavano a chiacchierare delle ore sul punto di blu del filo da ricamo, con intorno tutta un'armeria di ferri da calza e uncinetti, dei calatrava di spille e rocchetti.

Appello: rivogliamo le mercerie. Anche solo per entrare e comprare un bottone.

IL TÈ ROVENTE

Vorrei una legge che obblighi i bar a fare i tè a temperatura normale, non a quella del piombo quando fonde. Tu ordini un tè, il barista va alla macchinetta del caffè, aziona un rubinettino dell'acqua calda laterale, e *fuaaaaaaaa...* esce il diavolo. Una nuvola di vapore che neanche in una tintoria. Il barman ti versa sta tazza di liquido incandescente e te lo serve senza fare un plissé e tu, se lo vuoi bere, o metti in conto di cuocerti le labbra e la lingua per sempre oppure ti devi portare il sacco a pelo e stazionare lì fin dopo l'ora di chiusura.

Appello: io voglio un tè, non la lava di un vulcano! Fatemelo che lo possa bere oggi e soprattutto che non mi leda la mucosa gastrointestinale. Va bene caldo, ma non alla temperatura di fusione del vanadio!

LA TEIERA DA BAR

Vogliamo affrontare il discorso "teiera"? Sai che quando mi metto di punta sulle Piccole Cose Certe non faccio sconti a nessuno. La teiera da bar. Che tu ordini bellamente un tè, ti portano tazza, teiera di ceramica, e tè. Tu metti la bustina, chiudi col coperchio, poi prendi la teiera e dovresti versare il tè. Nella tazza of course. Invece regolarmente spisciazzi dappertutto tranne che nella tazza. Il tè che dovrebbe uscire dal beccuccio esce da tutte le parti tranne che da lì. Cola ai lati della tazzina, straborda e ti allaga il tavolino. Succede come per le padelle che si ribaltano.

Amico. Amico che di mestiere fai le teiere. Non le provi prima? Non ti accorgi che il tè esce da tutte le parti tranne che da quella giusta? E te lo versi addosso sulle mani a novanta gradi, per cui si infeltriscono? Altro che Thé Infré. È buono qui, è buono qui. È buono anche qua, ma anche là, lì sul tavolino, per terra, sul tailleur e sui piedi.

E questo capita a noi donne. Figurati cosa potrebbe fare un uomo. Già fatica a centrare la tazza del water, figurati la tazza del tè.

Io ormai bevo solo tisana alla calendula, almeno mi fa da rimedio naturale alla scottatura da teiera.

I TOVAGLIOLINI DEL BAR

E non solo, ma dopo che hai orinato tè su tutto il tavolino... se provi ad asciugarlo con i tovagliolini del bar è la fine. Perché ne ho da dire anche per i tovagliolini dei bar. Che sono lisci. Il 90 per cento sono lisci come formica... non sono porosi che asciugano. No. Son dei pezzi di linoleum. Fanno l'effetto skate. Ti inzaccheri di marmellata e ti passi quei tovagliolini lì sulla bocca? La marmellata non la asciugano. Te la spostano... ce l'hai a destra? Te la trovi a sinistra. La briciola di brioche? Passi il tovagliolino per pulirti e te la ritrovi sul naso. Pattinano. Domanda: a cosa mi servono dei tovagliolini che non tovagliolinano?

LE FETTE BISCOTTATE OVERSIZE

Amici delle fette biscottate, dico a voi. Che le fabbricate. Siete sicuri di avere preso bene le misure? Secondo voi le persone normali hanno tutte la bocca di Skin degli Skunk Anansie, che riuscirebbe, se volesse, a mettersi nelle fauci tutti i tre tomi della Divina Commedia? Abbiamo l'apertura mandibolare di un pitone reticolato forse? Ma non potete farle a misura umana ste fette? Forse vi sfugge un particolare: che le fette biscottate non si possono tagliare perché si sbriciolano!!! Vi assicuro che mangiare le loro macerie con la marmellata e il burro a brandelli è un'operazione mortificante. Fatele di una taglia normale. Per bocche normali.

Una cosa simile succede con il tappo delle bottigliette di tè, che è una mia fissa da secoli. Perché lo fanno gigante? Perché il tappo delle bottiglie d'acqua è normale e quello del tè enorme? Che devi spalancare le fauci come dal dentista e ti cola tutto sul giubbotto?

È tè, non minestrone a tocchetti!

E due paroline sugli hamburger non vogliamo spenderle? Dunque. Parliamo di pappa e ciccia. Il mondo si divide in due grandi categorie: i devoti dell'hamburger industriale – del più famoso non posso dire la marca ma ve la faccio intuire, comincia con Mac e finisce con Onald – e quelli dell'hamburger artigianale di carne di fassona col pane vero, servito in ristoranti fighetti che sembrano delle boutique...

Di questi ultimi vorrei parlare. Bene il pane tradizionale. Bene l'hamburger di mucca felice. Bene anche le salse non industriali. Ma... mi spieghi come faccio a mangiare il tuo hamburger se per far vedere che sei figo me lo fai alto come una scatola da scarpe? Un panettone. Una villetta su due piani. L'unico che è in grado di tenere in mano un hamburger così è Gianni Morandi.

Ma poi: guardami. Sono forse la rana dalla bocca larga? Ho l'apertura mandibolare di un ippopotamo? La mascella di un coccodrillo? Non so se avete notato anche voi: la nuova moda dei bar è quella di preparare panini o hamburger bellissimi da vedere ma impossibili da mangiare. È più facile mettere in bocca un Parmacotto intero. Sono giganteschi. Mastodontici. Farciti con qualsiasi cosa e conditi con sacche di salsa che al primo morso si disfano e ti schizzano di rimbalzo sulla camicia pulita. Una volta dal rinculo mi sono trovata una foglia di lattuga nel reggiseno. Sapete che ogni tanto rimpiango i nostri cari e vecchi cheeseburger, molli e gnecchi, impacchettati come saponette, ma facilissimi da mangiare?

In più, per trangugiare quegli hamburger lì non ti basta il tovagliolo normale, devi avere il telo per coprire la macchina. Ho visto umani pappare il maxi hamburger con forchetta, coltello, cucchiaio e pinze da forno. Altri scoperchiarlo pezzo per pezzo. Alcuni lo lappano come i cani. Altri lo sfracellano a bocconi o a pizzichi. Come fa a entrarmi in bocca un paninazzo grosso come la mia testa? Ma neanche un piranha ce la farebbe!

Nota che si chiama HAMburger, dove HAM sta per AMMM, mangiato con UN boccone! Non si chiama: AMDGANAMMNKSMburger... Una soluzione sarebbe farli su misura, in base alla tua impronta dentale. Ti porti dietro la panoramica e via.

Allora. Appello agli amici delle hamburgerie fighe: meno. Anche meno. Cercate una soluzione: invece di fare gli hamburger grossi come cuscini fateli lunghi e stretti come clarinetti. Altrimenti dateci la tuta dei RIS di Parma per non sporcarci e noi ci buttiamo sopra i panini come le orche marine sulle foche.

I GUSTI DELLE PIZZE

Non capisco il senso dei menu da pizzeria ciclopici. Una volta c'erano le quattro pizze classiche. Margherita, napoletana, quattro stagioni, marinara. Eventualmente le pizze con i salumi, tipo prosciutto e funghi o salamino piccante, e con dieci pizze un pizzaiolo se la cavava. Poi è cominciato ad arrivare quello che diceva: "Mi leva con cortesia la mozzarella e l'acciuga, e mi mette per favore un gamberetto e un chilo di gorgonzola?". "Certo" diceva il pizzaiolo. "Senta? Mi sbatte sopra due cozze e una manciata di coriandoli?" "Si figuri!" E così è partito l'embolo. Adesso ti siedi al tavolo, si presenta il cameriere e ti consegna una guida del telefono. Quando arrivi a leggere fino alla fine ti è passata la fame. Per carità, ci mancherebbe, è giusto rinnovare il parterre degli abbinamenti, ma se posso permettermi, senza troppo azzardo. Intanto tocca darsi una misura. Una pizza non può pesare due chili perché c'hai sbattuto sopra la qualsiasi, che ne mangi tre bocconi e ti sembra di avere ingurgitato l'equivalente di una putrella di cemento armato...

 E poi tocca darsi una misura con gli accostamenti. Pizza "mozzarella, fontina, robiola, minestrone e olive", pizza "capperi, spinaci, porcini, cotica e rafano". Pizza "pinoli, castagnaccio e vongole". Ma c'è chi davvero esagera con la fantasia: pizza "pomodoro, mozzarella, nasi di porco". Pizza "non ci sono più le quattro stagioni", pizza "margherita rinforzata coi peli dei kiwi", pizza "olive, capperi, con sopra un'altra pizza ai capperi e funghi". E per chiudere, pizza "ananas, fagioli, cicale e polvere".

 Tu finisci di leggere il menu, mentre tutti commentano: "Ah... guarda, questa ha anche l'uranio arricchito, guarda quest'altra che è farcita alla penicillina...". Poi arriva il cameriere, ti chiede: "Lei cosa prende?". "Una margherita." Bon.

I QUADRI NELLE PIZZERIE

Il nuovo governo dovrebbe abolire, con apposito decreto legge, i quadri delle pizzerie e delle trattorie. Si potrebbe addirittura creare un'Authority e affidarla a Sgarbi. I quadri che vengono appesi ai muri delle pizzerie sono un attentato alla voglia di vivere dei clienti, una sorsata di pura malinconia. Entri che hai fame, vedi il quadro, e ti nutri del tuo sconforto. Tu sei lì, seduto al tuo tavolo che mangi una capricciosa, alzi gli occhi e vedi un Pierrot con la lacrima come il gorgonzola, una natura non morta, massacrata, il vecchio che fuma la pipa austriaca lunga come un clarinetto, e la baita con la neve nella pizzeria di Alassio.

Vi prego... pietà. Levate sti quadri, che fanno orrore! Piuttosto il muro bianco. Oppure, fate così. Mettete solo il chiodo. Il quadro ce lo portiamo noi da casa. "Amore? Stasera andiamo a mangiare la pizza?" "Certo, tesoro. Aspetta che prendo un quadro da appendere in pizzeria."

I DÉHORS

Non capisco come mai nelle nostre città, soprattutto nella mia, dove viviamo una nuova restaurazione, dove tutto è proibito e ogni minima iniziativa personale viene stroncata sul nascere, si dà il permesso a chiunque di mettere i déhors. Fioriscono i déhors. Spuntano nella notte come funghi. Ogni bar, ristorante, caffetteria, panineria, pizzeria ha il suo. Manca che lo mettano le ferramenta e le farmacie. Anche se non vedrei male sorseggiare un calice di Fluimucil in compagnia di un'amica magari godendosi il tramonto sul Po.

Carini, per carità. È sempre piacevole bersi un caffè all'aperto fino a quando la temperatura lo consente. Io non ho niente, contro i déhors. Meglio fuori che dentro. La mescolanza all'aperto ci riporta a quando vivevamo bradi nelle tribù. Ma i déhors devono essere piazzati in strade che oggettivamente lo permettano. Non in traverse strette, stradine storte e vie a budello di topo. Non sugli angoli dove la macchina che passa ti porta via il caffè di mano o ti sale sul piede se no non ce la fa.

Capisco che le casse dell'amministrazione ne godano perché i costi sono tutt'altro che economici e i proprietari dei locali si svenano, però ci sono déhors davvero pericolosi. Quelli ad angolo sono i peggiori. Ogni pulmino o suv che ci gira li sfiora. Il barista dovrebbe accendere un cero di ringraziamento ad ogni curva azzeccata. In più, grazie a questa moda, non sai più dove parcheggiare, se non dentro al déhor stesso approfittandone per ordinare un Negroni. Appunto. Le strade sono imballate per almeno sei mesi l'anno e per percorrerle devi fare la gimcana. Senza contare che nel déhor ci bevi uno spritz ma ti respiri un mare di *sprot* sgasato dalle marmitte.

Siamo davvero sicuri? O siamo tutti fuori come un déhor?

L'ACQUA MINERALE AL RISTORANTE

Una quisquilia. Al ristorante. Arrivi con la solita discreta truppa. Tutti trovano la loro collocazione e si siedono. A questo punto si presenta il cameriere che chiede trionfale: "Acqua frizzante o naturale?". E tutti in coro: "Una gassata e una naturale, una e una grazie". Sempre sempre sempre. Lasciamo stare le varianti "frizzante temperatura ambiente", "naturale fredda", che vabè, sono scelte che lasciano intravedere la decadenza del mondo occidentale. Parliamo solo di gassata o liscia. È l'unico vero momento in cui la par condicio si traduce in tutta la sua valenza morale e democratica. Ma fateci caso. Dopo pochi minuti la gassata è prosciugata e la naturale troneggia ancora con il suo bel tappo sigillato. È tutto un: "Mi passi la gassata per favore?", "Dove è finita la gassata?". Servono i primi e già si implora il cameriere di portare un'altra bottiglia. Di frizzante naturalmente. E così fino alla fine del pasto. La naturale resta lì. Sentinella della tavola. Un menhir.

Si beve la naturale solo, e ripeto solo, se si è assunto per via orale un peperoncino diavolicchio calabrese intero. Allora giù con l'acqua naturale, perché se tracanni quella con le bollicine peggiori la faccenda. Perché se il piccante bastona, l'acqua con le bollicine è come sale sulle ferite. Oppure ti rassegni all'acqua liscia se si è a fine pasto e nessuno ha il coraggio di ordinare un'altra bottiglia. Certo, è una sensazione mortificante bere un bicchiere di naturale dopo un pasto consumato a suon di gassata. Come passare da una Ferrari a una Panda.

Diciamolo. Tranne in casi eccezionali sono le bolle a farla da padrone. Persino i devoti dell'acqua liscia di sottecchi si gonfiano di gas. E allora? E allora finiamola con questa ipocrisia. Alla domanda del cameriere: "Liscia o gassata?", rispondiamo: "Gassata. Gassatissima. Orrendamente frizzante".

I SACCHETTI DELLA SPESA

I sacchetti della frutta e della verdura nei supermercati adesso si pagano. Li hanno fatti biodegradabili e ora ce li mettono in conto. Domanda logica: prima non ce li facevano pagare? Ma certo che sì, solo non ce lo dicevano. E allora cosa cambia? Cambia. Perché se non lo sai vivi meglio. Come le corna: meglio non sapere di averle. Invece così sono ostentate come se tuo marito tornasse a casa non solo col rossetto sul collo, ma anche con un reggiseno tra i denti.

Poi non è giusto per principio. Seguitemi. Io vado al supermercato. Piglio il guantino. Me lo infilo al contrario col pollice nell'indice e l'indice nel pollice che mi vengono già i nervi. Poi prendo la busta, cerco di aprirla con sto guanto del cacchio senza maledire nessuno perché i fogliolini sono sempre tutti appiccicati. Scelgo la verdura, la metto nella busta, vado a pesarmela. Non mi ricordo il numero, torno indietro, cerco il numero, ritorno al peso, ci appiccico il prezzo e la ficco nel carrello. Poi vado alla cassa, mi scarico di nuovo tutto e voi? Voi che non fate una mazza mi fate pure pagare la busta? Una fettina di culo no? È come chiamare un taxi, guidare tu e alla fine pagare pure la corsa! Siete voi che dovreste pagare me che mi smazzo tutto quanto da sola. Se vado al mercato o in un negozio, c'è sempre qualcuno che mi serve. La verduriera a gennaio stecchita dal freddo me le mette lei nel sacchetto le mele, e io pago.

Perché poi chiediamocelo: ma quante volte lo paghiamo sto sacchetto benedetto? Una volta perché lo peso e lo pago a prezzo di zucchino. La seconda me lo fate pagare a parte, e poi pago la tassa dei rifiuti per smaltirlo insieme all'umido. Scusate ma parte un "minchia" che abbatte le barriere fra mondi paralleli. Certo, puoi trovarti soluzioni alternative. Tipo, se sei maschio, metterti il cetriolo nei jeans, così alla cassa fai anche bella figura, oppure se sei femmina le pesche nel décolleté. E le carote... non mi far dire. Poi, siccome il guantino di plastica non si paga, potresti infilarti i fagiolini uno per ogni dito, e presentarti alla cassa in versione Edward mani di forbice.

Pensate che questa legge l'hanno fatta in agosto! Un mese in cui i nostri politici non fanno leggi su niente, neanche se sbarcano gli ufo o se c'è uno smottamento marino che fa scivolare la Sicilia in Libia, ma sui sacchetti sì.

In sé è una bella idea questa dei sacchetti biodegradabili, una bellissima idea, perché quelli di plastica poi finiscono in mare e se li ingollano i pesci. Così tu credi di farti una tartare di ricciola e invece ti stai mangiando il sacchetto del LIDL che la conteneva. Però fatta così, la lotta alla plastica, è una goccia nel mare visto che poi il petto di pollo ce lo mettete dentro delle vasche da bagno di polistirolo, i salumi in contenitori di plastica grandi come il Molise, e i fiocchi d'avena in scatole enormi tipo l'imballo dei televisori...

Ma perché non prendiamo esempio dalla Svizzera? Possibile che dalla Svizzera dobbiamo prendere solo la Hunziker? Che è patrimonio dell'umanità, ci mancherebbe, ma lì usano i sacchetti a retina, che sono bio e possono essere riciclati all'infinito, come un onorevole del gruppo misto! Altrimenti, se parte sta moda, va a finire che ci fanno pagare tutto, dalla carta dello scontrino alla forfora del cassiere che cade sulla spesa.

LA RACCOLTA PUNTI

Parliamo della raccolta punti al supermercato. Un'altra battaglia sacrosanta del Picicì. Spiego: tu fai la tessera del supermercato e ci metti dentro tutti i tuoi dati: nome, cognome, indirizzo, telefono, lavoro, codice fiscale, sogni nel cassetto, orario dell'andata di corpo, nome dello spirito guida, e quante ciliegie riesci a tenere in bocca senza masticarle. Tutto. Perché in quei fogli da compilare ti chiedono tutto, anche i primi tre numeri del tuo contatore del gas (e poi in banca devi stare dietro la linea gialla per la privacy). Ma vabè.

E poi con questa tessera, ogni volta che fai la spesa, accumuli punti per *vincere* dei regali, attraverso la distribuzione di minuscoli bollini adesivi che ti camminano random per la borsa e si appiccicano a tutto quello che trovano dentro, dalla carta di credito alla patente, finanche alla tua faccia, tanto che a volte la sera vai a lavarti i denti e te ne trovi uno appiccicato in fronte come un bindi, quel puntino rosso che hanno le donne indiane. Comunque, alla fine, quando arrivi tipo a diecimila punti, equivalenti circa a quindicimila euro di spesa, guardi il dépliant, e vedi cosa ti aspetta di regalo. Mettiamo un minipimer. E a quel punto pensi: Figo, non ne ho bisogno ma figo.

Figo una mazza. Perché se lo vuoi devi aggiungere trentacinque euro. Ma come devo aggiungere trentacinque euro?! Scusa. Sei tu che mi hai detto: "Raccogli i punti che ti facciamo un regalo". Non io! È un regalo questo? Io non ho bisogno di un minipimer, abbi pazienza. Ti ho forse chiesto io: "Mi regali un minipimer"? No. E se vuoi regalamelo per davvero, non che lo devo pagare. Ho pagato tante di quelle spese che potrei comprare l'Australia e devo anche aggiungere trentacinque euro?! Che poi vai a controllare quanto costa un minipimer online e ne costa trenta. Ora, io sono una signora, però ho una precisa idea di dove potreste mettervi i vostri bollini e se mi scrivete in privato ve lo dico e non voglio neanche i trentacinque euro, lo faccio gratis.

Ma scusa, è come se io andassi a casa di amici con una bottiglia di champagne e dicessi: "Ecco qua, però mi dovete cinquanta euro, se no portavo il vino nel tetrapak". "Ecco, questa sciarpa di cachemire è per te, tanti auguri... però mi devi dare cinquanta euro!"

E poi se domandi: "Scusi, ma non c'è un regalo per cui non devo pagare niente?", la risposta è: "Be', c'è questo pela-ravanello o questo sottobicchiere spiritoso a forma di cacca di mulo con soli tremila punti e dodici euro". Proprietari dei supermercati: dimenticatevi la raccolta punti. Le cose o ce le regalate o se no lasciateci allo stato brado. La vita è già dura così, senza regali pelosi.

P.S. Ci sono anche supermercati che regalano piatti e posate, e li puoi prendere singoli e senza pagare. Tipo duecento punti un piatto, e cinquanta una posata... peccato che dopo un anno i regali cambino, e ti ritrovi con un servizio di piatti così composto: sette piatti, quattro forchette, due coltelli e un nano da giardino della promozione successiva.

I SIGNORI IN BERMUDA

Per carità, il senso estetico del maschio ha dei canoni assolutamente personali. Non tutti i gusti sono alla menta, diceva mia nonna. Le sopracciglia spinzettate a rondine per dire, il bulbo gelatinato a banana, il jeans a vita bassa e chiappa alta, la crivellatura di piercing. Il senso estetico dell'uomo è un misto frutta. C'è chi si trova bello coi pantaloni alla scagazza, chi si mette dei jeans skinny così attillati che davanti non ha più un pacco, ma una composizione di arte povera, quelli che a sedici anni si fanno crescere le basette fino al collo come l'imperatore Francesco Giuseppe e gente che passati i sessant'anni gira ancora con le borchie e l'anello di bronzo al pollice.

Il bello sta da un'altra parte secondo me, ma tant'è. Però su alcune cose non si transige. E una di queste è l'abbinamento bermuda e gambaletto. Quello no. Quello deve essere proibito dalla Costituzione. Anche l'Europa dovrebbe dire la sua perché tra l'altro è un accostamento che pure i tedeschi non disdegnano, anzi, diciamo che sono maestri. Vedere un uomo andare in giro così è come guardare l'eclissi senza occhiali da sole.

Ti viene da pensare: non ce l'hai una moglie, una compagna, una figlia, un figlio, al limite un nipote che ti dica "no nonno", "no papà", "no tesoro della vita mia", "no cretino, non puoi uscire in questo modo. Bermuda e calzettoni di cotone al ginocchio fanno cagarissimo e tu con loro. Te lo proibisco. Se provi a varcare la soglia del pianerottolo t'azzoppo. Non vedi che sembri un concorrente di Italian Brut Talent? Potresti essere il protagonista di un film horror: l'uomo dalle ginocchia che ridono".

Fa già pietà il bermuda con il calzino bianco corto, ma è un disturbo della cornea al quale ormai siamo piuttosto abituati. Lo vedi, stai male, ma non perdi i sensi. L'uomo con il calzino bianco corto ha sempre fatto il suo raccapriccio, però è come se nel tempo ce ne fossimo fatta una ragione. Alla fine ti abitui, come per il grattacielo in piazza Castello a Torino, è brutto ma non ci fai più caso. Vedi il calzino, ti sale un po' di nausea tipo quando fai le curve in macchina ma nulla di più.

Il bermudone e il gambaletto però no. Che poi, detto tra noi, ha anche un suo nonsense. Se metti il gambaletto e poi indossi il bermuda, quanta gamba ti rimane scoperta? Giusto un due centimetri di ginocchio. Resta fuori la rotula. E se c'è una parte del corpo umano che isolata dal resto è un obbrobrio, è proprio la rotula. Somiglia a un cranio. L'uomo con bermuda e gambaletto diventa l'uomo a tre crani. Un mostro. Cosa te ne fai di sto bordino nudo di pelle, cretino? Lo tieni scoperto per darlo in pasto alle zanzare? Dici che da lì ti circola l'aria tipo feritoia di cantina? Falla finita, amico. Per avere tre dita di pelo e carne bianca di fuori... mettiti la braga lunga e il cuore in pace. Anche l'occhio della gente che ti incontra vuole la sua parte.

L'ETÀ DEI PUPI

Non si capisce come mai, ma quando si parla di bambini piccoli l'età si conta in mesi. Va bene fino a un anno, che devi contare in mesi per forza, visto che fai fatica a dire "Mio figlio ha tre quarti di anno" ma dopo no, dopo non capisco il perché. Tu magari incontri la mamma col passeggino per strada e chiedi: "Che carino... quanto ha?". Risposta: "Diciotto mesi...". "Ah" e devi fare il conto: 18 mesi fanno 12 + 6, quindi fa un anno e mezzo. Ma bedda madre, non puoi dire subito un anno e mezzo? Che già mi sono rimasti due neuroni e li devo usare per cose più importanti e non per capire che età ha tuo figlio. Quanto ha? Ventiquattro mesi. Non due anni. Ventiquattro mesi. Siamo persone o cosce di crudo di Parma a stagionatura variabile? Chiedimi quanti mesi ho io? 649 mesi.

I CHIOSCHI DELLE EDICOLE

Volevo spezzare una lancia a favore dei giornalai, quei disgraziati che stanno sparendo perché la gente legge i giornali online. I mezzibusti della strada, i Giorgini delle edicole. Io non ho mai visto un giornalaio a figura intera, per me potrebbero anche avere gli zoccoli come i centauri di Harry Potter. Quei poveretti che passano le giornate chiusi in gabbiotti minuscoli, che a luglio brasano col baffino perlinato di sudore, e a dicembre per ripararsi dal freddo azionano le stufe elettriche a palla di fuoco che dallo sbalzo termico hanno poi persino la sinusite alle caviglie.

Ma chi li progetta sti chioschi? Dei sadici... Ma non potete inventarvi delle edicole un po' più comode, che sti disgraziati per darti il resto tutte le volte devono sporgersi fino al punto di non ritorno? Mettersi mezzi fuori tipo mitraglieri degli elicotteri? Abbiamo una categoria di sciancati. Ho conosciuto giornalai a cui a forza di dare il resto si è allungato il braccio di dieci centimetri e adesso si devono far fare le camicie su misura. Ma diamogli almeno uno di quei bastoni col sacchetto, quelli dell'elemosina in chiesa.

Per fortuna ogni tanto un cliente chiede una di quelle riviste di cui si vendono due copie all'anno, tipo *Criceti che passione* o *Addominali da urlo grazie al tofu* e allora gli tocca uscire, e almeno fa due passi. Il giornalaio non può neanche far pipì, infatti spesso lo canalizzano e sgocciola fuori, come succede per i condizionatori.

Lancio un appello umanitario. Fuksas, Renzo Piano, Calatrava... vi prego. Fate qualcosa per gli edicolanti, inventatevi delle edicole comode, pratiche, ergonomiche, dei posti dove queste anime pie possano fare il loro lavoro senza sentirsi una guardia di Buckingham Palace nella garitta...

I CARTELLI STRADALI CHE SCOMPAIONO

Fatemi dire una roba sulla cartellonistica stradale... Mi spiegate come mai le indicazioni stradali ci sono fino a un certo punto e poi improvvisamente spariscono e tu non sai più da che parte devi andare? Nei rettilinei addirittura esagerano, hai duecento chilometri di drittezza assoluta, uno spaghetto di strada senza una minima deviazione e loro te ne mettono a strafottere... un cartello via l'altro – "Ottanta chilometri a Pusterlengo"... "Venti chilometri a Pusterlengo"... "Sei quasi a Pusterlengo"... "Che bella Pusterlengo"... "Pusterlengo comune d'Europa"... "Pusterlengo gemellato al comune di Purterfiuckulen, in Germania" – che tra l'altro non capisci neanche perché, visto che tanto solo dritto puoi andare, non hai alternative, non è che puoi sbagliare... ma attenzione.

Appena arrivi ad una rotonda, ad un bivio o ad un incrocio molto articolato... *puf...* spariscono. Si vaporizzano. Entrano nella terza dimensione. Hai presente quelle rotonde che hanno centoventinove uscite? Be', non trovi più una merda di indicazione neanche se piangi in cinese o maledici la viabilità in mongolo. Un cavolo di cartello dove serve davvero non c'è. Oppure, altra alternativa, ti mettono tutta una torretta di indicazioni, con settantasei paesi e paesini che magari distano centinaia di chilometri, tranne quello che cerchi tu! Ti tocca girare come un criceto nella ruota fino a quando trovi poi l'indicazione "Arrivederci da Pusterlengo".

Conosco gente che è ancora lì da anni intorno a una rotonda cercando l'uscita Pusterlengo, col navigatore che dice "Ricalcolo". E non solo. Se per caso c'è una sagra, una festa patronale, una corsa ciclistica, una marcia di chissàchecavolo, la confusione sotto il cielo è totale, come diceva Mao Tse-tung. Ti scrivono "Deviazione" e se ne fregano. Non ci pensano minimamente a trovarti un percorso alternativo. Anzi. Se ci riescono i cartelli li mettono al contrario per farti dispetto.

Ho conosciuto gente che si è persa così tanto che l'hanno trovata tre anni dopo con i rampicanti e le more cresciuti addosso, gente che doveva andare da un cugino a Bra e si è ritrovata da un nipote a Tunisi, gente che non è mai più riuscita a tornare a casa e adesso mi legge da qualche bar a Marrakech.

Hai proprio la sensazione che non arriverai mai, che chiameranno la Sciarelli e finirai a "Chi l'ha visto?", che troveranno le tue ossa sbiancate in una radura dove ti sei spento dopo aver cercato di chiedere indicazioni anche a una mucca frisona.

Appello agli assessori alla viabilità di tutta Italia: amici, non tutti nascono con l'attitudine del boy scout, non tutti sono in grado di orientarsi guardando le stelle, come Tex Willer o Marco Polo. C'è anche gente come me che si perde quando fa il giro dell'isolato... Mettetevi, vi prego, una mano sul cuore, e con l'altra aggiungete due cartelli in più, due, e la gente vi sarà grata a vita. Vi rivotiamo. Lo prometto. Vi ricordo: I CARTELLI NEI BIVI. Mi raccomando, se no siamo daccapo.

IL PARCHEGGIO DAVANTI AGLI OSPEDALI

Domanda. Perché i parcheggi dei supermercati sono gratis e quelli degli ospedali a pagamento?

Davanti ai centri commerciali ci sono spianate di posti, tutti gratis, larghissimi, che ci puoi posteggiare il suv, il camion dei pompieri e una motonave; davanti agli ospedali zero. Anzi. Ci sono pure appostati i vigili sempre. Esistono gli angeli del fango e i vigili dei policlinici. Io capisco che se posteggi davanti all'uscita delle ambulanze non va bene, o peggio ancora davanti all'ingresso dell'ospedale; ma se la mia Cinquecento la metto un po' sguincia sulla strada con una bava di ruota sulle strisce non è che mi devi torturare. Vado in un cacchio di ospedale, non a ballare il tango in balera. A questo punto ci conviene farci operare di appendicite nel reparto surgelati dell'Esselunga...

La replica di solito è: i posti a pagamento li hanno chiesti i residenti perché non trovano mai parcheggio. D'accordo, però le strisce blu non aumentano i posti, quelli sono sempre gli stessi, solo che paghi. Ottimo. Ma possibile che il buon senso sia una merce così rara nelle amministrazioni comunali? A nessuno viene in mente che la soluzione al problema non è far pagare i pochi parcheggi che ci sono, ma aggiungerne degli altri? Fateli sotterranei, fateli sopraelevati, fateli come volete, ma se c'è un luogo della città dove tutti dovrebbero poter lasciare la macchina velocemente e gratis è proprio vicino a un ospedale.

I PASTI DEGLI OSPEDALI

Volevo aprire una parentesi sui pasti negli ospedali. Che sono una delle robe più tristi del creato. Proprio la melanconia del cuore. Tu sei già lì che non stai bene, con l'umore sotto la linea di galleggiamento, il pessimismo che ti straborda dal pigiama, ti ficcano un termometro in un punto che non vorresti, a un'ora che non vorresti, finalmente arriva il momento del pranzo, tra l'altro alle 11.30 perché bisogna sbrigarsi con tutte le cose che hai da fare, e ti arrivano sti vassoi tinta fango, già unti prima ancora che li unga tu, con sopra piatti di plastica molle, sigillati con un nylon che non riesci manco a togliere, ti tocca pugnalarlo con la forchetta. E dentro c'è: tremolina di spinacio, stelline al brodo di niente, medaglioni in simil pollo, mela cotta così vecchia che probabilmente è stata raccolta nel paradiso terrestre dove le faceva la guardia un serpente.

Ma perché?! Secondo me è una strategia. Così tu cerchi di guarire in fretta e liberi il letto. Ma perché invece di sfracanarci con ste trasmissioni di cucina che non ne possiamo più – e "Ristoranti da sogno" e "Il pranzo è servito" e "La zuppa l'è cotta" – non fate un programma di cucina per ospedali? Guarda, vi regalo il format: i cuochi famosi vanno negli ospedali a migliorare i menu. Lo chiamiamo: "Mensa da incubo".

E lì si vede se un cuoco è bravo. Perché devi fare con poco. Son capaci tutti di fare bella figura con le aragoste, il mango, i granchi di torrente e il formaggio erborinato... Vai in ospedale, dove hai pochi ingredienti e la fantasia! Scusa, già lì sei pallido di tuo, non può arrivarti un purè ancora più pallido di te.

Appello: Barbieri, studiami un purè arcobaleno! Purè bordeaux con fantasie di finocchio e smitragliata di pinoli liguri! Bastianich: lavorami ben bene la pera cotta. Impasticcamela con chicchi d'anice stellato e mandorle, che hanno il potassio. Per carità, in ospedale devi mangiare leggero, se dai il fritto misto a chi è stato operato allo stomaco sei scemo, ma il semolino sciapo a chi si è rifatto il menisco non dirmi che aiuta la guarigione...

E poi tu non lo vorresti vedere Cannavacciuolo che tira due papagne sulla gobba al cuoco dell'ospedale e lo aiuta a fare di meglio? Che gli infila due semi di coriandolo nel brodo e gli spennella il prosciutto con l'aceto balsamico di Modena, impiatta il cibo con amore, con un po' di bellezza e gli dice: "Lo vedi adesso come devi fare, minchioncello?".

Oltretutto in ospedale hai pure i tecnici di laboratorio, hai l'azoto, per cui Cracco mi può fare un'ottima cucina molecolare. Pompa un po' di ossigeno nei finocchi bolliti e li fa sufflè. Si fa prestare uno di quegli apparecchi per la rianimazione cardiaca, e ci cuoce le uova al padellino. Magari per sfizio la minestrina la fa scendere da una flebo, non so. Cose che ravvivano. Stimolanti.

Fate una trasmissione con una gara fra ospedali, dove Cracco invece di chiedersi cosa ci fa in bagno va a controllare se le sogliole alla mugnaia al Traumatologico sono cucinate come si deve! Sai che share? Ma anche per gli ospedali sarebbe una bella pubblicità. "Dove vai a operarti?" "Al Gradenigo..." "Parlapà, è un quattro stelle Michelin! Pensa che hanno persino il sommelier per le orine..."

LA SCADENZA DEI MANDARINI

Questa è una piccola tigna personale. I mandarini. Chiedo: possiamo smettere di venderli fino a marzo? Perché poi tu, povera balenga, ti fai attirare, li compri perché li vedi belli pagnottosi e lucidi, poi li assaggi e sanno di medicina. Di Cif Ammoniacal. Ovvio. Non è più la loro stagione! A un certo punto ci si deve anche un po' mettere il cuore in pace. Lo so che fuori nevica e siamo a marzo. Ma il mandarino ha già dato. Si è fatto i suoi tre mesi di trionfo e adesso giustamente ci sta dicendo: "Che volete ancora da me?". Infatti lo sbucci e dentro è spugna. Il mandarino fuori stagione si fa secco dentro, un alveare abbandonato. Ma la cosa strana è che noi lo compriamo lo stesso. Va' a sapere perché, siamo attratte, gli spruzzeranno sopra delle sostanze psicotrope... se no non si spiega. Tu senza accorgertene li vedi e ti arrapi... ti metti a gridare: "Mmm ti voglio, mandarino!!!".

Poi quando ritorni dal verduriere e gli dici che i suoi mandarini facevano schifo lui regolarmente ti risponde: "Eh... sa... cosa vuole, siamo fuori stagione". E allora non li vendere se sai che fanno pena! O metti un cartello e ci scrivi sopra: "Mandarini di merda". Una lo sa e si mette il cuore in pace.

Come quando si ostinano a venderti le ciliegie a luglio che son molli, acciaccate e zeppe di vermi. Siamo davvero un paese di pazzi. Vogliamo avere tutta la frutta e tutta la verdura sempre. Dodici mesi su dodici. Importa un tubo se sa di niente. Siamo contenti così. I pomodori? Li vogliamo anche se fuori nevica, che non son più pomodori, sono bucce piene d'acqua. Gavettoni a forma di cuore di bue di cinquanta sfumature di rosso come i maglioni di Missoni. L'altro giorno ho visto dal fruttivendolo delle prugne. La temperatura all'esterno era di meno cinque. E lui sfoggiava in vetrina delle prugne che al tatto avevano la consistenza delle bocce da pétanque. Che già son così d'estate, figuriamoci d'inverno. (Tocca dire che la durezza è proprio una prerogativa delle nostre prugne. Non sono frutti, sono pietre. Figuriamoci a febbraio.)

E vogliamo anche spendere due parole con sta storia dell'uva senza semi o dei mandaranci senza semi? Forse qualcuno non lo sa ma esistono. Credo siano nati per i mangiatori pigri che così non hanno niente da sputare. Solo che, va detto, non è normale. La frutta ha i semi. E meno male, altrimenti a quest'ora non esisteva più. Eppure prova a comprare un grappolo d'uva e pagarlo come se fosse senza semi e trovarne uno? Ti parte il raglio di Satana. Il grido primordiale della scimmia antropomorfa, manco avessi trovato un tafano nel brodo. Che persino tuo marito ha un moto di preoccupazione e ti chiede: "Tesoro? Che ti succede? Sei posseduta?". "Nooo!!! Un seme nell'acino d'uva... ahhh... com'è stato possibile! Mi era stato garantito!"

GLI AURICOLARI DEL TELEFONO

Vogliamo parlare degli auricolari del telefono? Che le orecchie te li sputano sempre via? Non riesco a credere che migliaia di ingegneri della Silicon Valley non abbiano ancora capito che cacchio di forma abbia un orecchio umano. Forse una soluzione sarebbe farli di diverse taglie, dalla XS per orecchiette tipo capibara alla XXL per padiglioni imponenti alla Berlu. Potrebbero farli in silicone come i tappi, che si possono modellare a piacimento. L'importante è che rimangano dentro l'orecchio, non fuori. Il massimo sono quelli low cost, rigidi e lunghi come gli auricolari di uno stetoscopio.

Adesso sono da poco sul mercato gli auricolari senza filo, che, se posso dire, sono ancora peggio. Perché soprattutto d'inverno, con i colletti e i dolcevita, ciaone. Li perdi al primo starnuto. Prima, legati al cavo, almeno li recuperavi tipo trota appesa alla lenza, adesso li semini come le briciole di Pollicino.

A me, con o senza filo gli auricolari non stanno. Io ho le orecchie di una cavia peruviana, al primo sbraito mi parton via.

LA BATTERIA DEI CELLULARI

Come mai inventano cellulari sempre più sofisticati e non risolvono l'unico vero problema dei portatili moderni, cioè la batteria? Adesso hanno addirittura scagliato sul mercato un nuovo cellulare che ha il riconoscimento facciale.

Al mattino lo prendi, te lo metti davanti al muso, lui ti riconosce e si accende. Domanda alla Apple: con i cinesi come fate, che sono tutti uguali?

E poi pensa che casino con quelle che si rifanno continuamente, che son sempre lì che si disfano, si piallano, si stirano: va a finire che poi il telefono non le riconosce. Si impalla. Devono aggiornarlo almeno una volta al mese... Poi questo nuovo cellulare ha anche il doppio schermo. Quindi sei sicuro che se cade si sfascia. Hai due probabilità su due che si rompa. Eh certo. Perché adesso abbiamo questi cosi delicatissimi che si spaccano con uno starnuto perché son fatti di ostia dei torroni.

E poi son sempre più grossi. Tu me lo spieghi sto fenomeno? Non è che l'evoluzione della specie ci fa le mani sempre più grandi... Io capisco che così puoi vedere meglio le foto della torta di mele che ha messo tua zia su Instagram, però quando telefoni non riesci manco a tenerlo in mano, ti sembra di appoggiare all'orecchio una persiana di casa.

Vi dico cosa ci serve? A NOI SERVE UN CELLULARE CON UNA BATTERIA CHE NON SI SCARICHI DOPO CINQUE MINUTI, CHE FAI DUE TELEFONATE E SEI GIÀ AL 9 PER CENTO. Ormai non fai che vedere schiere di gente che gira con il caricabatterie in mano come un rabdomante, che entra dalla parrucchiera e non dice neanche buongiorno. Chiede solo: "Dov'è la presa?". "C'è solo quella per il phon." "Allora stacchi il phon e mi attacchi il cellulare, i capelli me li asciughi a fiato."

Ci sono telefoni in grado di fare qualsiasi cosa, da accendere il riscaldamento di casa a distanza a dirti quanti maschi disponibili ci siano nel raggio di pochi chilometri, ma non hanno ancora inventato una batteria che duri. "Pronto ciao, finita la batteria ti richiamo."

Poi ti dicono: "Ah con questo telefono puoi vedere anche un film". Certo. I primi ottanta secondi, poi ti si scarica. Adesso però pare che i ricercatori inglesi dell'Università di Bristol abbiano sviluppato una nuova tecnologia che trasforma la pipì in energia per ricaricare gli smartphone. Si chiama "pila a combustibile microbico" ed è praticamente una pila alimentata dall'urina umana che trasforma la materia organica e i batteri in energia elettrica... Non chiedetemi come perché non lo so. Quello che è certo è che non devi farla dentro al telefono. Tipo: "Scusa, ho il cellulare scarico, vado un attimo alla toilette a ricaricarlo". E neanche puoi dire: "Scusa, Aldo, ti scappa mica la pipì? Ho solo due tacche". O anche: "Mamma mia, Ines, quanto bevi... come mai tutta sta sete?". "No, Marta, è che devo fare un casino di telefonate."

Chissà... magari verrà il giorno in cui ci saranno i distributori di urina per cellulari, normale e super. Immagina, puoi. Comunque la pila a combustibile microbico è una trovata geniale. Se metti un raccoglitore all'Oktoberfest ci illumini Las Vegas per sei mesi. E questo succede caricando il cellulare solo a pipì, non oso pensare che energia potente si potrebbe ottenere con lo scarico solido. Fai andare una metropolitana.

Comunque. Mi voglio soffermare. Amiche, amici, approfitto di questo istante per dirvi: se si scarica il cellulare non succede niente. Nulla. No panic. Non è come quando si sta per spaccare la fune della seggiovia o vi si rompono i freni della macchina in discesa. Perché adesso funziona così: che se tu guardi il tuo cellulare e vedi la piletta della carica sul giallo è subito ansia. Ti fai tutta rossa come quando ti dicono che tuo figlio ha tre insufficienze e rischia che non lo ammettano alla maturità. E se sei in compagnia cominci a informarti sui buchi degli altri. Chi ha il buco grosso, chi quello piccolo, e tu devi trovare il tuo. La banda del buco. Ripeto. Se il telefono ha la batteria scarica semplicemente non possiamo telefonare. Stop. Così come non abbiamo potuto telefonare per centinaia di migliaia di anni eppure, guarda un po', ce la siamo cavata lo stesso e siamo qui. Ancora a rompere i maroni all'umanità.

IL CELLULARE RIGENERATO

Ormai la maggior parte dei piccoli elettrodomestici sono fatti per essere buttati al primo guasto. Bisognerebbe far arrivare i pezzi di ricambio dalla Cina come faceva Marco Polo coi bachi da seta, perché li fabbricano lì. E vale la pena, per un frullatore da venti euro? Alzi la mano chi non si è mai sentito dire: "Fa prima a prenderne uno nuovo, le costa meno". Diciamocelo pure: oggi una lavatrice dura quanto un matrimonio.

I centri di assistenza chiudono a catena. Se per caso hai ancora un televisore vecchio, di quelli a scatolone, che si rompe, ti conviene tenerlo e farci il nido per le cocorite perché ci sono modelli nuovi a basso costo che però, se ci canta dentro Al Bano, dalla vibrazione si smontano.

Si sgonfiano come i soufflé.

Ormai la cultura del "riparare" non c'è più. Scarpe, tostapane, vestiti, ferri da stiro, tutto usa e getta. Non so quante volte mi sono sentita dire dai tecnici che venivano a riparare una lavastoviglie o una lavatrice rotta: "Eh, non le fanno più come una volta!". E perché, perché non le fanno più come una volta? Semplice, perché in otto anni te ne vogliono vendere tre invece di una. Vermi. Vermi degli abissi. Vorrei che i canarini vi divorassero come ossi di seppia. Manigoldi.

Questa tecnica si chiama "obsolescenza programmata", e in Francia è un reato punibile con due anni di carcere e trecentomila euro di multa. Bravi francesi. Sempre in Francia, è in corso anche un'inchiesta su alcuni produttori di stampanti, che segnalano come cartucce da sostituire cartucce che invece hanno ancora un bel po' d'inchiostro. Questa non è solo obsolescenza, è inganno vero e proprio. Infatti io non faccio un plissé anche quando la lucina rossa lampeggia. Lampeggia rosso? Ah sì? E io aspetto il verde come ai semafori. Anzi stampo di più, stampo come una pazza scriteriata, stampo come se non ci fosse un domani, stampo fino a quando le parole non si vedono ma solo si intuiscono.

Ma vorrei tornare un attimo ai cellulari. Perché lì il circolo vizioso è, secondo me, più vizioso ancora. Quando hai un cellulare che non funziona più, e sei in garanzia, lo ritirano, e te ne danno un altro. Bene? Non tanto. Bene ma non benissimo. Perché non te ne danno un altro nuovo! No, entra in scena il "rigenerato". Il morto vivente. Dead man walking. Ovvero il telefono rotto di un altro cliente che loro hanno riparato. In pratica, passano gli stessi cellulari da un cliente all'altro, aggiustandoli invece di scucire quelli nuovi. Solo che il rigenerato nella grande maggioranza dei casi, e a me è successo parecchie volte, è una grandissima bufala. Non funziona mai bene, perché magari ha un difetto strutturale che salta sempre fuori, come le macchie di umido, le bollette non pagate e i brufoli se pucci il pane nell'unto delle salsicce.

Così ti tocca andare e tornare venti volte dai centri clienti con grande perdita di tempo. Uno sfinimento. Domanda: ma la garanzia non dovrebbe garantire un telefono nuovo di zecca e perfettamente funzionante?

Apro l'ultima parentesi. Giuro. Se ci fate caso, adesso le batterie dei cellulari le mettono interne. Sono fuse dentro. Una volta la batteria era dietro: la toglievi, la sostituivi e il tuo telefono continuava a vivere ancora per un bel po'. Adesso è inaccessibile, se vuoi fartela estrarre devi andare dai tecnici della Nasa. È come se a una macchina mettessero il tappo del carburante tra i pistoni del motore: per fare benzina ti toccherebbe andare ogni volta dal concessionario.

E fateli che durino, sti cellulari! Rimpiango sempre il mio vecchio resistentissimo Nokia dell'Ottocento. Lo uso ancora per piantare i chiodi nel muro.

IL BRACCIOLO

La questione bracciolo. Al cinema, a teatro, in aereo... io chiedo ufficialmente al governo una regolamentazione del bracciolo. Di chi è la priorità acquisita? Si può sapere? Del gomito più prepotente? Puoi tenerli tutti e due tu, e stare come il papa sul trono, o neanche uno e stare con le braccine al petto tutta la sera? Facciamo una regola universale: a me il destro e il sinistro a quello vicino. Voilà. Oppure mezzo bracciolo per uno. Io voglio conoscere i miei diritti. È gara? Appena l'altro leva il suo... *zacchete*? Perché ci sono quelli che arrivano e... alé. Tutte e due le braccia sistemate. Che a te sale una rabbia atavica, vai immediatamente in fissa, non riesci neanche a seguire il film tanto ti salgono i nervi... E allora aspetti la mossa sbagliata dell'altro. Tipo che appena gli suona il cellulare, *fran*... gli prendi il posto. Il braccio violento del bracciolo. Poi, però, sei condannato all'immobilità: devi stare fermo come il muro di Trump fino alla fine del film. Io adesso, per risolvere la questione all'origine, prima di andare a teatro mi metto già il Voltaren sul gomito. Preventivo per i lividi. Perché mi conosco. Io combatto fino alla morte.

Ah, ultima cosa. I colpi di tosse nei teatri, non è influenza, è quando cominci a dare al tuo vicino delle gomitate nelle costole.

SPINGERE O TIRARE?

Vogliamo risolvere una volta per tutte l'annosa questione delle porte con scritto "spingere" o "tirare" che sempre, sempre, SEMPRE, spingi quando devi tirare e tiri quando devi spingere? Tu arrivi davanti alla porta, leggi, recepisci l'informazione ma poi sbagli lo stesso. La volta dopo ti ripresenti davanti alla porta, e pensi: devo fare il contrario di come ho fatto l'altra volta, e sbagli di nuovo. Deve essere un bug del nostro cervello. Meno male che sugli autobus ci sono le porte a soffietto, se no sarei sempre a piedi.

Richiesta: nei locali pubblici non possiamo fare delle porte che si aprano in tutti e due i versi, tipo saloon? O rotanti come nel film *Grand Hotel*? Così uno evita di sentirsi ogni volta un babbione? Ma parliamo anche delle chiavi elettroniche delle camere d'albergo: riesco a infilare sta cartolina in tutti i modi meno che in quello giusto. Di culo, di fianco, al contrario, la infilo troppo poco, ce la schiaffo fino alla radice, ma mai nel modo giusto.

E gli interruttori della luce in casa? Quale difetto neurologico inguaribile ci porta a schiacciare sempre quello sbagliato? Sfilze di minuti a percuotere i tasti come i dattilografi del tribunale, tic tac ti tic ti tac, il tutto corredato da giochi di luce che neanche alla festa di Santa Rosalia. E non è che abbiamo traslocato da poco per cui ancora non abbiamo preso tanto la mano... magari abitiamo in quell'appartamento da anni. Gli studiosi del cervello ci diano una risposta.

LE BIRO COL CORDINO

Mistero della fede. Come mai in banca legano le biro col cordino? Forse perché se no la gente le porta via? Può essere. Ma mi chiedo: e che sarà mai una biro con tutto quello che rubano loro a noi... Vuoi dire che vanno in rovina per una BIC? Cos'è, se ciulo una penna alla Banca Popolare di Vicenza lei perde altri otto punti in borsa?

Mettete il cordino lungo allora. Otto chilometri. Che poi alla chiusura l'impiegato della banca tira tutti i cordini e se le riprende tutte.

Ma quando io vi porto i soldi in banca, li lego con un cordino? Vorrei una risposta. Avrei più ragioni io, di mettere il cordino ai soldi che vi deposito, che voi a mettere il cordino alle biro, scusate.

I FRANCOBOLLI

Fatemi dire due parole su una questione che mi manda ai matti.

Perché, quando vai dal tabaccaio e chiedi un francobollo per spedire una lettera, lui piomba nell'angoscia, tira fuori un librone impolverato che sembra il registro di Scrooge, e comincia a bofonchiare che non ha i tagli da questo o da quello? Possibile che nel 2018 mandare una lettera di carta sia considerata una sofisticata perversione tipo il bondage?

I BOLLETTINI POSTALI

Fino a poco tempo fa i bollettini postali funzionavano così: tu li pagavi, l'impiegato delle poste... *frap*... ne strappava un pezzo e ti consegnava una metà come ricevuta. Fine. E siamo andati avanti così per anni e anni e bene che ci siamo trovati. Adesso, com'è come non è, il bollettino non lo tagliano più. Lo paghi e te lo ridanno intero. Unico segno di averlo pagato, un timbrino sbiadito in un angolo, tipo quello dei biglietti dell'autobus, che se provi a leggerlo, dallo sforzo oculare non riesci più a mettere a fuoco a lunga distanza per una settimana. Domanda: ma perché? Cosa c'era che non andava nel metodo di prima? Era facile. Bollettino intero: bollettino da pagare. Pezzo di bollettino: bollettino pagato. Invece adesso mi confondo. Arrivo alla posta col bollettino pagato invece di quello da pagare! Ma perché fai così, Stato? Perché speri che io mi confonda? Così mi fai pagare la mora della sovrattassa della bolletta non pagata? Dal tabaccaio è un po' meglio, perché ti dà lo scontrino. Che però entra nella quarta dimensione dopo il primo isolato. Io mi sono fatta un'idea del perché non ti danno più la bolletta che si strappa. Perché non sono più capaci di fare la lineetta tratteggiata con lo strappo facilitato...

LO STRAPPO

Fammi dire. Una volta la linea tratteggiata era bella, lunga, tosta, riuscivi a strapparla in un colpo solo... *strapppp*... ed era un momento di estremo godimento. Adesso no. La fanno ma è finta. Si strappa un pochino e poi bon. I bollettini non si staccano più. Nei sacchetti per la cacca del cane ci metti tre ore a trovare dove si strappa, sulle scatole dei corn flakes schiacci il tratteggiato del cartone e non si buca, i sacchi della pattumiera si staccano fino a un certo punto e poi si sfondano perché la linea tratteggiata non è completa. Ma come si fa a vivere senza strappi?

LE FIALETTE DI VETRO DELLE MEDICINE

Succede anche per le medicine. Spendiamo due paroline sulle fialette di vetro delle medicine. Una volta avevano la seghetta. Tu aprivi la confezione, c'era tutta la cartuccera di fialette e lì di fianco il seghino. Tu ti mettevi lì, e come in *Fuga da Alcatraz* cominciavi a segare finché non si spezzava il collo. Non il tuo, quello della fialetta. Adesso basta. Il seghetto non c'è più. Bon. Sparito. Ora molto più comodo, sul collo della fialetta, c'è solo un orletto bianco... che chiamano "punto di rottura facilitato". Peccato che l'unica rottura facilitata sia quella dei tuoi maroni. Perché tu premi con forza il filetto, e ciao. Ti dissangui. Perché il filetto facilitato o non si spacca o si sbriciola, e tu ti fai le dita alla julienne riducendoti pollice e indice come una fiorentina al sangue.

Lo capisci subito chi di lavoro fa le punture. Perché ha tutte le dita tagliate. Se le ha ancora! Ma perché le fate così? Per vendere anche i cerotti insieme? Allora metteteli dentro. Scatola di fialette e cerotti allegati con le istruzioni: premere la fialetta nel punto di rottura facilitato, quindi fermare l'emorragia con l'apposito cerotto allegato. Ma perché ci avete tolto i seghini? Perché pensavate che a forza di usarli diventavamo ciechi?

La stessa cosa succede con le fialette che usi per arrestare senza risultati la caduta dei capelli. Lì è ancora più un casino, perché le fialette te le devi spezzare sulla testa... perciò mentre spezzi ti guardi allo specchio e le rompi male, quindi ti tagli, il liquido medicamentoso ti cola ovunque tranne che dove ce n'è bisogno, e in più ti laceri il cuoio capelluto.

Appello. Rivogliamo le seghette. Hasta la seghetta siempre.

GLI ASCENSORI NEI CINEMA

Amo fare le scale. Detestando la palestra, mi sembra un esercizio fisico a costo zero, per cui lo faccio abitualmente senza pensarci. Ma quest'estate, avendo a che fare con una persona disabile, mi si è spalancato un mondo. Come mai la maggior parte dei cinema non ha l'ascensore? È un luogo pubblico, frequentato dal pubblico, e il pubblico non è composto soltanto da esseri umani con la deambulazione facile. È normale che non sia richiesto ai proprietari l'attivazione di un ascensore? Qualche sala ha montato delle specie di montacarichi, ma quelli sono per le carrozzine. Ci sono anche persone che non usano la sedia a rotelle ma non sono tanto in grado di salire rampe e rampe di scale, che al cinema sono quasi assicurate.

La cosa sorprendente è che, se invece vai nei bagni, tutti, senza eccezione, hanno il bagno per disabili. Ma vi rendete conto dell'incongruenza? A cosa mi serve il bagno se poi non posso accedere alla sala? Cioè io disabile dovrei venire al cinema, e pagare il biglietto, solo per pisciare? Io spero che una legge sensata sia fatta al più presto.

P.S. Anche sulle rampette ci sarebbe da dire. Parlo di quei tre o quattro gradini bastardi che stanno davanti alla maggior parte dei condomini prima del pian terreno. Ti dicono: stabile con ascensore. Bene. Io ho il nonno che non cammina, pensi, quindi cerco solo casa con ascensore. E ti metti il cuore in pace. Poi arrivi e trovi i quattro scalini maledetti. Una vera e propria barriera architettonica. Insuperabile. Cosa me ne frega se poi dentro c'è l'ascensore che va fino al nono piano? Se nonno quei quattro gradini non li fa, dentro ci può essere l'ascensore più figo del mondo, che lui non lo vedrà mai!

Ho sentito tanti architetti, dicono che i quattro gradini sono quasi inevitabili. Io non ci credo. Ne ho visti tanti di stabili senza rampette. No rampette no party. Fate degli scivoli. Almeno da un lato.

FREE WIFI

Altro momento di crisi è quello del Wifi. Nello specifico il cosiddetto free Wifi. Cioè il Wifi libero. Quello che c'è nei locali pubblici, o che si trova negli alberghi o sui treni. Che sarebbe una benedizione divina se fosse davvero: libero. Cioè che tu ti attacchi alla rete come al tram e viaggi sereno. Invece sto liberissimo Wifi è una delle cose meno libere che siano mai esistite. Tanto per cominciare, devi compilare un casellario infinito con tutti i tuoi dati: nome, cognome, indirizzo, calco dentale, analisi delle urine, formazione della Sampdoria nel campionato '92-'93, vincitore di Sanremo giovani 2016, il nome del somaro nell'antichità, tutti gli alberghi dove ha dormito Garibaldi e gli ingredienti di un budino alla vaniglia Elah.

Poi devi inserire la loro password che appunto non è "pippi calzelunghe" o ancora meglio il nome normale del locale dove ti sei seduto a mangiare la pizza, tipo bellanapoli. No, quelli del free Wifi ti sparano sempre password assurde, roba tipo: amoreecapoeiracashassaelunapiena, più una scarica di numeri senza criterio, un paio di maiuscole che corrispondono al nome del proprietario, una minuscola che corrisponde al suo pisello, e la riproduzione in miniatura dell'ultimo tatuaggio di Fedez. Che non riesci mai e poi mai, di tutto il mondo dei mai, a scriverlo giusto. Con la sequenza perfetta e le maiuscole al posto esatto. L'unica certezza è che quando alla fine l'azzecchi è arrivata l'ora di pagare il conto e uscire dal locale. E comunque senti che i gestori sono seccati. Chiedere una password è come chiedere lo sconto sul cappuccino. C'è un bar che come password aveva: se proprio devi, fottiti-43.

Ma che ci vuole? Se avessi un esercizio pubblico metterei un cartello con la password, invece no. La password se potessero te la nasconderebbero nelle brioche.

Diciamolo una volta per tutte: il free Wifi deve essere FREE. Libero veramente. Come cantava Finardi. Che piace ancora di più perché libera la mente. La politica si adoperi perché il Wifi libero lo sia veramente come quello che hanno a Montecitorio. Tanto per capirci.

I NOMI DELLE VIE

I disagi delle persone sono tanti. Possiamo almeno diminuire quelli che ci arrivano gratis? Possiamo fare un po' più di attenzione quando tocca dare i nomi alle strade, che in Italia ce ne sono di veramente impegnativi? Se vivi in via Cavour, via Roma, via Garibaldi, via Martiri della libertà, sei tranquillo. Ma se ti capita di andare a vivere in piazza della Passera... come la mettiamo? Guarda qua, esiste. È a Firenze! È toponomastica, anzi, in questo caso, topa-nomastica. E va già bene che piazza della Passera è a Firenze e non a Chiavari.

Io vorrei conoscere le persone che hanno il compito di battezzare le strade, e dirgli: Amico. Amico sindaco, amico assessore che di mestiere metti i nomi alle strade... ci pensi quando dai il nome a una via o lasci che i tuoi neuroni si scontrino a flipper quando sei ubriaco? Dimmi un po' assessorello, tu ci andresti a vivere in via delle Chiappe Perse o via Smezzalaprugna?

Sì perché ne esistono con dei nomi veramente assurdi: per esempio a Cesena c'è via Chiaviche. Ti sembra un nome da dare a una strada? "Cara, stasera ti passo a prendere: dove abiti?" "Via Chiaviche 58!"... Vai a fare la serenata in via Chiaviche, scrivi che il ricevimento di nozze avverrà a casa della sposa in via Chiaviche. E questo è niente, rispetto a una via che si trova a Torre del Greco, in provincia di Napoli, che si chiama: via Lava Troia. Se abitassi lì, come ti sentiresti tutte le mattine quando fai la doccia? Ora io non lo voglio sapere il motivo del nome, ci saranno sicuramente degli avvenimenti storici che lo giustificano, non discuto, ma perché lo deve scontare un poveraccio che lì ci vive?! Allora scusate: se nell'Ottocento in quella via c'era una casa di appuntamenti, oggi come dovrebbe chiamarsi? Via La Davano?

A Roma c'è via Affogalasino e via di Femminamorta: è proprio il caso di dedicargli delle strade? Tra l'altro via di Femminamorta porta al cimitero e, allo stesso tempo, anche al Paradise Sporting Club. Servizio completo. Dipende se prendi a destra o a sinistra. Sempre a Roma, in pieno centro, esiste via delle Zoccolette che potrebbe essere gemellata con via delle Olgettine a Milano, do un'idea nel caso al sindaco Sala. E c'è anche il Conservatorio che ha un nome che è proprio il top. Conservatorio delle pie povere zitelle zoccolette. E minchia... tanta roba... Che poi delle due l'una. O zitelle o zoccolette. No, magari sono diventate zitelle dopo essere state tanto zoccolette. E poi povere chi? Le zitelle o le zoccolette? Sai te? Entrambe da compatire, ci mancherebbe. Una per difetto e l'altra per eccesso di maschio. E soprattutto le zoccolette che strumento suonavano? A fiato di sicuro.

A Palermo c'è piazzetta della Canna, dove può prendere la residenza Eva Henger, a Novara gli amanti dell'horror troveranno via della Possessione, a Umbertide, in provincia di Perugia, si può trovare Strada Bellona sopra e Strada Bellona sotto. E a Casalabate, in provincia di Lecce, c'è via del Pesce Scazzone. Allora. Vuoi chiamare una via col nome di un pesce? Va benissimo, posso dirti anche "bella idea", ma guarda che di specie di pesci ce ne sono... dall'acciuga allo squalo bianco... proprio lo scazzone? Vediamolo.

PESCE SCAZZONE

Siamo sicuri che si meriti una via? Non hanno mai fatto una via Moby Dick devono farla dello scazzone?
Dulcis in fundo... a Manerba del Garda c'è una via che sfiora il sublime: via del Gazzo! E con questo passo e chiudo.

I DOSSI

Ma parliamo dei dossi. Dicesi "dosso stradale artificiale", o "dosso rallentatore", quello strumento progettato per rallentare la velocità dei veicoli nei centri abitati. Bella idea. È giusto frenare le intemperanze automobilistiche dei piloti mancati. Ma adesso scusate se mi permetto. Chiedo umilmente: non è che state un po' esagerando? Ci sono strade che sembrano tagadà. Tutte un salto e una balza. Un sussulto e uno zompo. Ma non roba da niente. Si parla anche di quindici centimetri! Che se ti distrai un secondo ti sdereni. Tu e la macchina.

Ma li fanno così alti perché se ci arrivi in velocità puoi saltare i pedoni?

Se hai bambini a bordo e passi sul dosso, dallo zompo che fanno, con la testa suonano la batteria contro la capote. Possiamo diminuire la dosseria per favore, almeno nelle strade poco trafficate, e magari mettercela dove davvero le auto pensano di essere nel circuito di Imola?

Avete idea di quante dentiere ingoiano gli anziani alla guida? Si parla di migliaia ogni anno.

I dossi possono essere considerati un'ottima pratica digestiva. Se ti sono rimasti sullo stomaco i peperoni sali sulla Panda e fai il giro dell'isolato. Al terzo dosso sei a posto. Pronta per il pasto successivo.

Persino il ciclista quando si appropinqua al dosso diventa attento. Si alza dal sellino e se ne sta bello su eretto come Coppi sul Tonale. Altrimenti... marmellata di marroni.

IL LAVATESTA

Perché non abbiamo ancora trovato il modo di fare un lavatesta morbido che quelli che ci sono dai parrucchieri sono fatti del materiale più duro che esista in Natura? Che il diamante, al confronto, sembra un cuscino ortopedico? L'altro giorno sono andata a fare la tinta perché ero tipo Crudelia Demon, e ribaltata a faccia in su mi sono chiesta: "Ma come mai scopriamo il bosone di Higgs, tiriamo le sonde su Marte, abbiamo capito che i dinosauri erano di pianta larga, e non abbiamo ancora trovato il modo di fare un lavatesta che non ti sbricioli la cervicale?". E oltretutto ti devi sedere alla Fosbury, di schiena, con la testa ribaltata all'indietro che sembri Anna Bolena prima della decapitazione.

Ma perché non li fanno di silicone, come gli stampi delle torte? Di gommapiuma impermeabile? Ti dicono: "Chi bella vuole apparire un po' deve soffrire"... ho capito, ma se devo soffrire così tanto allora alla fine pretendo di essere almeno Sharon Stone! E vogliamo parlare del miscelatore che non riesce mai a far scendere l'acqua a temperatura normale? O ti brasa la testa e ti viene la pelle come quella dei würstel bolliti, o ti si congela e ti rimane dura tipo calzini messi a stendere a gennaio a meno otto? Che poi tra l'altro tu fai tutto sto casino, ti ledi le vertebre cervicali, ti fumi il cuoio capelluto e poi torni a casa e il tuo boy non si accorge di niente. Una mazza. Tu sei uscita mora e torni rossa, sei uscita liscia e torni frisé, sei uscita rasata e torni con delle extension lunghe come liane, lui ti fissa e ti chiede: "Cosa si mangia stasera?".

LA MUSICA NEI NEGOZI

Perché nei negozi mettono la musica a un volume micidiale, che tu entri e dopo due secondi ti sanguinano le orecchie? Senti proprio le tempie che si crepano e il timpano che esce dalla tromba di Eustachio a chiedere se si può fare meno casino? Prova ad andare in uno di questi negozi tipo H&M, Intimissimi, Bershka... batti i coperchi. Mettono la musica a un volume inumano. C'è un tale fracasso che la cellulite entra in vibrazione e sembra la polenta quando bolle e fa i crateri.

Ma scusate. Io devo comprare una maglia, non trovarmi un lavoro come cubista! Io non voglio un rave, voglio una felpa! Con la musica a un volume del genere per farti capire dalla commessa devi fare i gesti come le signorine del telegiornale per non udenti, o altrimenti parlarle a un centimetro dal naso come dovessi limonarla. Fai prima a mandarle un messaggio. Pensa sti poveri commessi che passano tutto il giorno in un bordello del genere. Secondo me dovrebbero mettersi le cuffie isolanti come i meccanici di Formula Uno.

Mi convinco ogni giorno di più che a lungo andare subiranno una mutazione genetica, verranno anche a loro le orecchie minuscole come quelle di Shrek. Io provo un sottile senso di pena. Vedi ste giovani e belle ragazze rovinate per la vita, che non sognano più il calciatore con la Ferrari ma una baita con la stufa a legna o l'eremo dei Camaldolesi. Dopo otto ore di Bob Sinclar a palla quando devono sussurrare parole d'amore al fidanzato urlano: "Amore ti amo tantissssssiiimooo!!!".

Se ricevono in regalo uno di quei biglietti di Natale che li apri e parte la musichetta prendono i voti e vanno in clausura. Ma perché fanno così? Vogliono rincoglionire i clienti perché sperano che col cervello in pappa comprino di più? Guardate che siamo già ben bene rincoglioniti da soli. Ve lo dico io. Sappiate che c'è una grande fetta di umani che esce dal negozio e si butta fuori sul marciapiede cercando di salvarsi la vita. Piuttosto compra su internet, o si mette il vestito da sposa della trisnonna morta, pur di non entrare in quella Geenna di musica sparata a mitraglia.

E il profumo? Ci sono certe catene che, oltre a Giuliano Sangiorgi che strilla come se lo portassero a castrare, sparano anche il profumo. Quegli effluvi sintetici che nebulizzati si impregnano ai vestiti e non vanno via neanche se li lavi con l'acquaragia. Ma perché? Io voglio comprare una maglietta normale, non quella di Malgioglio che è scivolato su una pozza di Chanel. A volte passi davanti a sti negozi, che stanno con le porte spalancate anche a meno dieci, così i commessi oltre che sordi diventano bronchitici, e senti dei tanfi pazzeschi, che poi si mischiano con quelli del kebabaro vicino, così si crea l'effetto panzerotto al gusto Calvin Klein... Allora, va bene creare un'esperienza sensoriale a 360 gradi con suoni e profumi, però se proprio devo essere travolta almeno voglio una caipirinha e Gabriel Garko che mi balla la lambada sulla schiena.

IL CHECK-IN

La verità è che ormai sta diventando sempre più difficile portare in aereo qualcosa come bagaglio a mano. Finirà che come bagaglio a mano tra un po' passerà solo la mano. Oppure la borsa ma vuota. Non si possono imbarcare: bagnoschiuma, deodoranti, profumi, rasoi, spray, pinzette per le sopracciglia. Che io non ho mai capito. Cosa fai? Minacci il pilota con le pinzette? Come fai a dirottare un aereo con il deodorante... che fai, ti avvicini alla hostess e le dici: "Dica al pilota di dirigersi verso Dubai, sennò lo deodoro con l'Acqua di Giò".

Ma parliamo del metal detector. Sai la serpentina di gente che poi infila la roba nel catino di plastica e passa sotto l'arco? Allora: passi tu e suona tutto. Campanelli, trombette e fischioni. Suona anche il citofono di quello che abita di fronte all'aeroporto. E tu subito cominci a farti il film: "Ecco qua, la gente mi sta guardando, penseranno che questa nel girovita non è pancia ma dinamite"... poi passa quella dietro di te che ha ai piedi gli stivali dei cowboy di *Brokeback Mountain*, una cintura in vita che neanche Elvis Presley, con una fibbia di ferro che pesa come un'ancora da diporto... niente. Non un frinir di cicala. Nulla. Il silenzio degli innocenti.

Passi tu con in testa una forcina lunga tre centimetri e parte la filarmonica di Vienna. E se dimentichi in tasca la chiave della buca delle lettere? La filodiffusione ti spara a tutto volume "Quando la banda passò nel cielo il sole spuntò" cantata da Mina.

L'ARIA CONDIZIONATA SUI TRENI

Due parole due sull'aria condizionata. Come mai sugli aerei ma soprattutto sui treni è sparata a una potenza in grado di ibernarti in pochi secondi? Ci sono delle escursioni termiche che manco nel deserto. Io non posso salire sul treno a Catania, con una temperatura che sfiora i quaranta gradi, e trovarmi in meno di un minuto a Plateau Rosa. Dài. Mi rifiuto di passare dall'Africa subsahariana alle montagne della Patagonia. Perché ormai è così. Dai bocchettoni esce una tramontana che sembra di essere sul Passo del Tonale. Sali sul treno e in meno di dieci secondi ti si forma la brina sul collo, tipo busta di piselli quando la tiri fuori dal congelatore, e in cinque minuti i piedi ti diventano due calippi.

Almeno fate dei vagoni intermedi di scongelamento prima di scendere, tipo microonde, così lo scarto termico è meno violento. Quello sui treni ormai non è più un viaggio, è una seduta di crioterapia. Aiuta a mantenersi giovani. E se un attimo prima dell'assideramento chiedi al controllore: "Scusi, non si può alzare un po' la temperatura?", è certo che lui ti risponderà: "No, non si può. Impossibile".

Cioè volete dirmi che in treni superveloci, supermoderni e supercostosi non c'è un regolatore di temperatura? Solo on e off? Non ci credo. Nei nostri appartamenti abbiamo il riscaldamento autonomo, possiamo accendere o spegnere la caldaia di casa a distanza, solo con una app del cellulare, in auto abbiamo mille regolazioni di termostato, persino la manopola che ci indica, piedi, fronte, faccia, faccia e piedi, fronte e faccia, faccia e culo che a volte coincidono, e in treno abbiamo solo un unico pulsante che attiva o blocca l'aria fredda?!

Se è davvero così siete scemi, non c'è altro da dire. Avete proprio toppato. Ormai i passeggeri sono rassegnati, viaggiano col passamontagna anche a luglio, pashmine d'angora a tre piazze e mezzi guanti alla Silvio Pellico. Sali sul Napoli-Torino che sei sano, e scendi col mal sottile, i geloni e l'otite cronica. Ma scusa. Ci sono offerte di qualsiasi tipo per qualsiasi prodotto in commercio, migliaia di gusti di gelato, centinaia di modelli di telefono, tonnellate di tipi di scarpe, ferri da stiro, yogurt e bon bon e per l'aria condizionata sui treni solo due opzioni? On e off?

Facciamo così, vi do un'idea: i treni a temperatura variabile. Ogni vagone un microclima. Ognuno da casa si prenota il posto a lui confacente e siamo tutti più felici.

Vuoi battere i denti così forte da spaccare le noci? C'è il vagone coi sedili di brina. Sei in menopausa e lotti ogni giorno con le caldane? Vagone freezer. Sei reduce da una brutta influenza e ti si gelano i piedi anche in spiaggia a Ferragosto? Vagone tiepidarium. Vuoi ustionarti anche se hai passato le ferie a Milano? Prendi il vagone Sahara coi sedili barbecue. Oppure fate così. Aggiungete una nuova opzione di snack. Quando servite gli snack dite: "Dolce, salato o Augmentin?".

NON CI STO proprio

I CENTRALINI TELEFONICI DEGLI OSPEDALI

C'è una cosa che ho vissuto in prima persona e che accomuna un po' tutti: parliamo dei centralini telefonici degli ospedali e dei centri analisi. Già se telefoni lì tanto bene non stai. Se chiami l'ospedale c'è qualcosa che non funziona, se no faresti il numero del bar per prenotarti l'happy hour. Comunque. Tu chiami e parte la segreteria. "Se vuole questo digiti uno, se vuole quell'altro digiti due, per una rettoscopia digiti cancelletto..." E va avanti a oltranza finché arrivi alla fine e non ti ricordi più una mazza come quando il cameriere ti elenca il menu, arriva all'ultimo dessert e devi farti ripetere tutto da capo.

Quindi riparti dall'inizio e ti fermi all'ultima opzione, quando dice: "Se vuole parlare con un operatore digiti otto". Ci rifletti un momento e capisci che la tua questione è talmente rognosa che è meglio che parli con un operatore a voce. Quindi ti mettono in attesa. Ore. Sottofondo: la *Nona* di Beethoven. La senti tutta. Anche il bis dell'*Inno alla gioia* che non è il sentimento che stai provando tu. Preferiresti *La cavalcata delle Valchirie* ma sui maroni di chi ha inventato i centralini automatici.

E in tutto questo ogni tanto una voce ti dice dall'aldilà: "Rimanga in linea per non perdere la priorità acquisita"... e tu te ne stai lì. Immobile. Paralizzata. Non ti muoveresti neanche se Kim Jong-un sganciasse l'atomica proprio sopra casa tua. Io sono convinta che la metà dei dinosauri che si sono estinti sono venuti a mancare per non abbandonare la priorità acquisita. Perché nella vita, tu, la priorità acquisita non ce l'hai mai avuta, quindi figurati quando te la promettono. Rimani lì ferrrrrmo, con la fiducia di Letta quando Renzi gli ha detto "Stai sereno". Poi, dopo un tempo elastico che va dai dieci ai trenta minuti, si ferma improvvisamente la musica di sottofondo: tafferuglio, voci strane, dici "tocca a me!" e che succede? *Tran*. Mettono giù! METTONO GIÙ!!! Cioè io sono stata al telefono interminabili minuti per non perdere sta minchia di priorità acquisita e poi tu mi metti giù? Ma io ti spacco la faccia. Tanto sei già in ospedale, cosa me ne frega.

Perché già quando ti succede nei centralini di luce e gas ti fa incazzare, ma in quelli degli ospedali o dei centri analisi no. Non me lo dovete fare. Centralinisti che interrompete apposta la comunicazione, posso dirvi? Siete dei fanghi neri. Siete dei merdoidi. Roba brutta come gli scarti del petrolio. Avete la faccia come il sedere, ma non di un sedere bello, del sedere di Trump. Vi prego in ginocchio. Piuttosto non rispondete mai, ma non fate così, e soprattutto pensate che dall'altra parte della cornetta a chiamare l'ospedale potreste esserci voi.

LE PUBBLICITÀ DEI DIVANI

Una roba che sta devastando la salute pubblica, che leva il fiato agli anziani, il latte alle puerpere, e fa ingigantire gli amici di maria degli uomini ancora in età produttiva. Le pubblicità dei divani. A manetta. A trapano. A nastro. Di tutte le marche. E gli Artigiani della qualità, e Divani&Divani, e Chateau qui e Chateau là. Radio, tv, cinema. Sembra che nelle nostre case non esistano più altri mobili. Ma secondo voi, noi nella vita non facciamo altro che comprarci divani? Un divano mediamente dura quindici o anche vent'anni. Non è che cambiamo divani come cambiare federe. Chissà, magari pensate: "C'è crisi, la gente è a casa, non lavora e sta sul divano". Peccato che se non lavora i soldi per comprarselo, il divano, non ce li ha. Che obiettivo commerciale avete? Di vendere un divano a ogni italiano? Cioè più o meno sessantacinque milioni di divani?!

E dopo? Una volta che ne abbiamo uno a testa, che ne abbiamo messo uno in salotto, uno in ingresso, uno in cucina, dove li sistemiamo tutti gli altri? Un'infinita distesa di divani? Li montiamo al posto dei sedili della Panda?

Ma la cosa bellissima è la campagna di promozione infinita. Che non smette mai. Ti dicono: la grande offerta finisce il 15 marzo, ok? Tu sei in macchina, senti l'ennesimo spot alla radio e pensi: vabè, meno male, il 15 marzo finisce sta offerta speciale, fammi solo pensare un attimo se mi serve tantissimo un divano perché poi dal 16 è finita, chissà quanto costerà. Invece no. Il 16 parte una nuova promozione. Per i motivi più disparati. Offerta pasquale, promozione di Pasquetta, grandi saldi perché oggi è la giornata del divano, il 16 aprile si festeggia la festa del sofà, l'anniversario del canapè, e le nozze d'oro della chaise longue!

L'ultima trovata è stata un doppio paginone su tutti i quotidiani. Da una parte un faccino che piange e dall'altra il triste annuncio. Chiudiamo tutti i nostri punti vendita. Ero in spiaggia e ho quasi avuto un mancamento. Ma come? Sono mesi che ci trapuntate l'anima con i vostri milioni di negozi di sofà e adesso abbassate la saracinesca? Eh vedi... lo sapevo che non avrebbe retto questa produzione *monstre* di divani.

E invece mi sbagliavo. Tempo una settimana, sfoglio il quotidiano e voilà. Nuovo comunicato trionfante. Era uno scherzetto. Abbiamo ristrutturato tutti i nostri negozi e torneremo a fracassarvi più di prima! Sai cosa? Spero che venga il giorno in cui il divano diventi come il diamante: magari meno caro, ma che sia per sempre.

LE STRINGHE DELLE SCARPE DA GINNASTICA

Mistero. Come mai se tu adesso compri le scarpe, soprattutto quelle da ginnastica, trovi delle stringhe chilometriche? Stringhe lunghissime, come la bretella Alessandria-Gravellona Toce. Tendenti all'infinito come la linea di centrocampo di San Siro! A cosa servono? Una volta che la stringa fa il giro delle asole, e ne restano dieci centimetri per fare il fiocco, a noi basta. Dell'altro mezzo metro che avanza, cosa ne dobbiamo fare? Lo usiamo come stella filante? Ci teniamo unita la coalizione di centrodestra?

Ma poi perché non ce li infilate nelle scarpe sti lacci benedetti invece di darceli a parte, come la salsa di soia al ristorante cinese, che poi noi a metterli diventiamo cretini? Sai la concentrazione che ci vuole per infilarli giusti? È difficilissimo. Se c'è un momento della vita in cui mi sento particolarmente cretina è proprio questo: l'atto mancato dell'infilamento del laccio nel giusto buco.

LE TAGLIE DEGLI ABITI

Vorrei dire due parole sulle taglie dei capi di abbigliamento nei negozi. Metti che vuoi comprarti un paio di jeans. Vai in un negozio, soprattutto nelle grandi catene, e chiedi una taglia 42. Facile. Dove sta il problema. Invece no. Alla parola "quarantadue" la commessa gira gli occhi all'indietro, mostra l'albume della sclera e digrigna i denti come i vampiri quando gli fai vedere il paletto di legno.

Chiedile una 44 e le vengono tre file di denti come nei film dell'orrore... Nei grandi magazzini trovi solo dei 36, dei 38 e dei 40. La 42 è già considerata taglia forte. Se porti la 44 per loro sei un'otaria, sopra la 44 una betoniera o un silos per il mais. Stiamo parlando di taglie italiane, perché poi ti fregano anche con la gabola della taglia americana. È tutta una taglia S o XS.

Ma persino io, che non è che sia una valchiria, ho dei momenti di smarrimento. (Io sono come la Gioconda al Louvre. In televisione sembro gigante e poi mi vedi dal vivo e sono un topolino, ma di quelli del fieno.) Avete visto il diametro della vita di una taglia 36? È una spanna. Ma non di Martín Castrogiovanni. Di Brunetta. Chi è che può mettere dei pantaloni così? Una tenia, forse. Un'anguilla. Una Winx. Devi avere le gambe grosse come i gambi delle margherite. Le cosce della Barbie. Una donna normale no. E la cosa che più mi irrita è che ti prendono anche in giro. Ti dicono: "Sì sì, c'è la 44". Poi la provi e non ti entra. E tu, sudata sversa in camerino, pensi: Oh Signore sono ingrassata... com'è possibile che non mi entri? Eppure ho anche evitato di ingollarmi la crosta della pizza, son settimane che lascio nel piatto il bordo... mi mancherà mica il potassio?

Invece no. Non ti entra perché non è una 44. È una 40 abbondante! Una 41 deformata. Stronzi. Mettono le taglie finte! E allora facciamo così. La prossima volta, quando pago, invece che biglietti da cinquanta ve li do da cinque. E se mi dite: "Eh ma questo è un cinque", io vi rispondo: "No amore è un cinquanta stretto". Altro trend è scrivere sugli abiti "taglia unica". Unica di chi? Unica perché va bene solo a una! Una donna sola. La prescelta.

Non siamo mica fatte tutte uguali, maledizione! Provate a sfogliare i servizi di moda sui giornali... son tutti con modelle ingrugnite che pesano trenta chili. Ossi di seppia con culini e poppettine. A onor del vero tocca dire che adesso c'è anche qualche stilista che fa sfilare modelle taglia 44. E la chiamano la moda Curvy. Cioè una donna con la 44 è definita "curvy". Ma curvy de che? Ma curvy tua sorella. Se 44 è curvy, una 46 che cos'è? Una rotonda francese? Una donna taglia 44 è molto semplicemente normale. Magari è un po' più alta. Ed essendo proporzionata ha bisogno di un abito più grande. Tutto lì. Tutti a dire: "Viva le curve, amatevi come siete, ogni donna è bella a modo suo"... e poi vai in un negozio e non trovi uno straccio di vestito che sia uno. Provati un paio di fuseaux? È come entrare nel budello della salsiccia.

Ogni tanto trovi anche una commessa gentile che quando ti vede disperata telefona agli altri punti vendita, e poi ti dice trionfante: "Guardi, una taglia 44 l'ho trovata... a Catania".

Allora, mondo della moda. Invece di riempirci di bugie cominciate a produrre i vostri modelli anche in taglie tipo 42, 44, 46! Così magari le ragazzine si rilassano e soprattutto si vestono come le altre, che è fondamentale per accettarsi e sentirsi belle. Perché a quindici anni non puoi vestirti con il peplo o con il caffettano tibetano come Sai Baba. Una che ha la 44 non è la moglie di Polifemo, non è Obelix, ha solo un corpo leggermente più abbondante. Ricordo solo che la 44 è la taglia di Monica Bellucci. E nessuno la chiama curvy... la definiscono tutti grandissima gnocca.

Già che ci siamo, faccio un appello: anche le donne hanno bisogno delle tasche. La tasca non è soltanto prerogativa degli uomini. Le femmine in coro vi implorano: stilisti, fate calzoni con le tasche anche per noi. Ma non quei taschini minuscoli che possono contenere al massimo un centesimo o le tasche laterali che si aprono a fisarmonica e che se ci infili dentro anche solo un fazzoletto sembra che ti siano cresciuti i testicoli di colpo! Tasche normali, per pantaloni normali, per donne normali. Grazie.

LA SETTIMANA DELLA MODA A MILANO

Perché durante la settimana della moda a Milano si vestono tutti in maniera demente e nessuno fa una piega? In quei sette giorni per strada vedi solo esseri umani vestiti a minchia. Gente che probabilmente prima di uscire si cosparge di Attak e si butta dentro l'armadio, se no non si spiega. Se a Carnevale vai in giro vestito da Zorro ma con la gonna, i tacchi e le antenne da formica ti consigliano di farti curare, nella settimana della moda ti ammirano. Ti fotografano. Io sogno una nuova branca speciale della buoncostume che va in giro con degli enormi specchi, ferma questi badola e dice: "Lo vedi come ti sei vestito, coglionazzo? Se non vai subito a casa a cambiarti ti arresto per oltraggio al pudore".

Ultimamente per le donne va molto lo stile contadina ucraina triste perché ha finito i conigli. Con ascella cespugliata e sopracciglio a rondine. Anzi. Direi ad albatros.

Possibilmente col foulard, che è ormai in via di estinzione. Il foulard al massimo te lo metti quando hai l'otite. Di comodo c'è che, all'ora di pranzo, ci metti un secondo ad apparecchiare, perché hai già la tovaglia sulla testa.

Se vai in ufficio con un foulard sulla capoccia ti ricoverano immediatamente...

E le modelle che sfilano incazzate nere? Non ve lo siete mai chiesti? Io continuamente. Secondo me stanno pensando: "Sono un pezzo di patata da far paura, ho uno stacco di coscia che farebbe impallidire un fenicottero e mi tocca sfilare con addosso una tenda per la doccia dell'Ikea. A saperlo consegnavo pizze come tutti quelli della mia età".

I PALLINI DELLE MAGLIE DI LANA

Parliamo di cose concrete. Possiamo fare qualcosa perché le maglie di lana smettano di fare i pallini? Tu compri una maglia, di lana, di misto lana, di angora, foss'anche di cachemire, che ci smeni un occhio della testa, tempo pochi giorni si pallina. Ma perché?! Tra l'altro la domanda sorge spontanea: perché non fa i pallini anche sulla pecora? Me lo spieghi? Perché la pecora non ne ha uno di pallino e il tuo maglione sembra di bouclé? Che se li togli tutti, te ne saltano fuori altri due di maglioni?! Ma io, produttore dei miei maglioni, ti pago con le banconote che si stingono, forse? E allora perché tu mi fai i maglioni che dopo un giorno c'hanno i dread? Che sembrano quei recinti dell'Ikea dove i bambini giocano con le pallette? Perché devo passare la vita a spulciare la maglia come una macaca? Possibile che non esista una tecnologia ad aria compressa, ad aria insufflata, ad aria di casa mia, che può far sparire gli inestetismi della lana?

Non si può creare un ammorbidente incrociato con la polvere da sparo che fa esplodere i pallini, così noi donne quando usciamo la sera possiamo usarli anche come arma di legittima difesa?

Lo dico al nuovo governo. O troviamo il modo di evitare il pallinaggio oppure inventiamoci una nuova figura professionale che li levi. Come esiste il raccattapalle, istituiamo il raccattapallini. Qui stiamo parlando di nuovi posti di lavoro: raccolta e smaltimento pallini. Il jobs pall.

Oltretutto questi maledetti pallini non si staccano manco con le bombe, rimangono attaccati per un pelo, ma non cadono! Facessero i bottoni, così! Che invece li cuciono con lo sputo e dopo la prima volta che li abbottoni, ciao. O si staccano o si spaccano in due come i melograni e nell'asola resta una mezzaluna con due buchi. Ci sono anche i bottoni dalla coda lunga che, come li abbottoni due volte, producono come un cordone ombelicale. Hai presente? Una liana col bottone appeso come Tarzan.

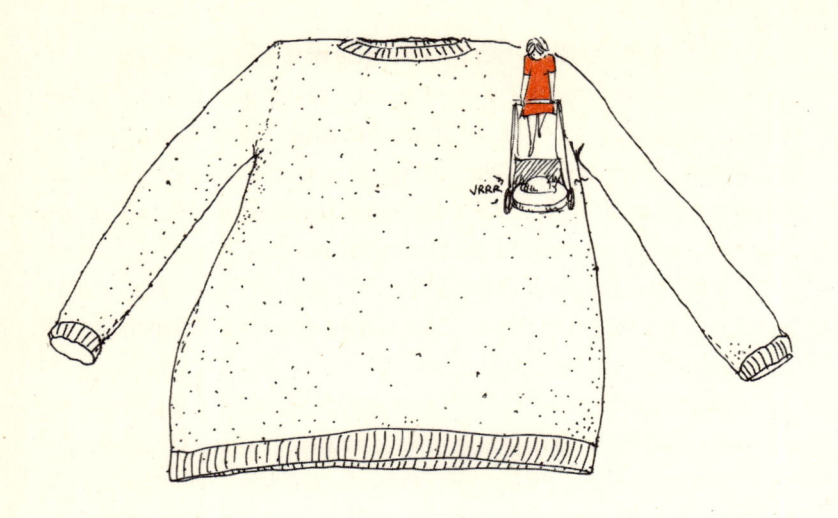

I COGNOMI ORRIBILI

Io mi sono sempre chiesta chi si è inventato i cognomi. La mente primigenia, il primo homo sapiens che si è messo lì e ha fatto delle proposte. Sono decine di migliaia gli italiani che devono fare i conti con dei cognomi tremendi. Non è mica giusto che uno si chiami Leone o Arcangeli, e l'altro Scatarra. Che peccato ha commesso la sua genia per farsi chiamare così? Pensa che in Italia ci sono ventitré famiglie che si chiamano di cognome Tontodimamma. Che, per carità, è anche un cognome che ha una sua tenerezza, ma capisci bene che un amministratore delegato che si chiama Tontodimamma crea imbarazzo. "Venga dottor Cordero di Montezemolo, aspettiamo il dottor Giugiaro e poi vi accompagno da Tontodimamma." Oppure: "Venga signora, la accompagno dal primario... vedrà, è bravissimo, un luminare...". "Ah sì? E come si chiama?" "Tontodimamma." "No, allora guardi. Vado a farmi operare in Svizzera."

Senza parlare poi dei cognomi hard. Favagrossa, per dire, che più che un cognome è una promessa che non sempre puoi mantenere... Zizzadoro uguale, fino ad arrivare a Lalicatapassera, che sembra il titolo di un film di Tinto Brass...

Le mie preferite sono le famiglie Mastronzo. Mastronzo è un cognome importante. Difficile da portare. I Mastronzi non hanno vita facile. Ma c'è un vantaggio, quel "ma" davanti a "stronzo". Per cui abbinargli un nome con attenzione aiuta, tipo Bello, Mastronzo. Salvo Mastronzo, Oronzo Mastronzo, Felice Mastronzo.

Faccio un appello a tutti quelli che hanno un cognome urfidone: cambiatelo. D'accordo, la trafila burocratica non è brevissima, ma ne vale la pena. Scusa. Se uno si chiama Sminchiazza o Crepapiattola avrà ben diritto a vivere una vita normale, no? Può mettersi un nome d'arte e farsi chiamare, che ne so... John Zipper o Luke Shapiro e bon. Come fanno i cantanti o gli attori. Bob Dylan in realtà si chiama Robert Allen Zimmerman, che non te lo ricordi manco se te lo scrivi sulla mano. Sophia Loren si chiama: Sofia Costanza Brigida Villani Scicolone. Meglio Loren.

Comunque, se avere un cognome difficile è brutto, ancora peggio è quando i genitori con cognomi balordi non pensano abbastanza prima di dare il nome ai figli, non si mettono una mano sulla coscienza. Tipo, ti chiami Bagno di cognome? Chiami la figlia Maria.

I nomi più pericolosi sono Rosa, Bianca, Felice e Serena, perché se hai un cognome diciamo particolare è un attimo che hai segnato la loro vita. Se hai una figlia, e di cognome fai Ladovia, non chiamarla Serena. Ecco.

LE DOMANDE DEI DENTISTI

Non so se succede anche a voi. È un mistero che mi tormenta da sempre: perché il dentista si ostina a farci domande mentre ci trapana il molare?

Tu sei lì, sdraiato a pancia all'aria, con la bocca spalancata, il succhiasaliva che gorgoglia, due tampax incastrati sotto le labbra e il trapano in funzione. E lui ti parla. E che c'è di male, direte voi? C'è che non è che fa un monologo per conto suo. Una concione tra sé e sé. No no. Ti fa delle domande. Ti interroga. Fa partire il ballarò. Per carità, io capisco che magari abbia voglia di conversare, ci sta. Tutto il giorno a ravanare nelle fauci altrui... non credo che sia poi così appassionante. Se mi vuole raccontare con quale tasso di interesse ha acceso il mutuo, e quanti punti di sutura gli hanno messo quando si è fatto operare di fimosi non me ne frega una supermazza ma ascolto. Sono disposta anche a sentire una poesia, eventualmente, se me la vuol recitare. Ma il problema è che lui non è contento. Lui vorrebbe che ci fosse dialogo. Infatti non disdegna di farti domande. E mica roba tipo: "Tutto bene?", che puoi rispondere sì o no e magari aiutarti con le mani. No, questioni complesse: "Cosa ne pensi tu della vicenda dei migranti?".

Ma mi vedi come sono messa? Cosa vuoi che ti risponda? Posso dirti al massimo: *mmmmhjgdgjgdjahjakjs...!* Tra l'altro sono furbi i dentisti. Perché la domanda non te la fanno quando stanno trapanando, perché se no non senti. Aspettano proprio di aver finito. E poi alé! "Lei che c'è stata, mi racconta com'è il Marocco?"

E vogliamo parlare delle chiacchiere post anestesia? Dopo che ti hanno punturato la gengiva non sai neanche più dove hai la lingua. La muovi come i dromedari, a vanvera, spesso anche sbavando. Non credi neppure più che sia tua la faccia che sta sotto il dentista. E lui ti interroga. Il commissario Basettoni. E tu che fai? Per non passare da maleducata gli rispondi con il tono di chi ha bevuto sessanta birre di fila. *Afla-fla... fla...* contenendo a stento la bava. Pensa che charme. Tra l'altro sempre domande che non ti sei mai posta in vita tua, tipo: "Lei lo sa perché non tagliano più le orecchie ai dobermann?".

Che tu con un trapano in bocca mai risponderesti, neppure sotto tortura, perché hai paura di farti scorticare la lingua.

Allora. Amici dentisti. Potete farci tutte le domande prima? Appena entrati. Magari ci lasciate un questionario da compilare in sala d'aspetto con tutte le domande una in fila all'altra, da quanto vale oggi al cambio la dracma a se è vero che la Marcuzzi si è fatta ridurre le tette, così voi siete sereni e appagati e noi ancora di più. *Tenchiuverimac.*

SANREMO

Come mai tutti i conduttori del Festival di Sanremo ripetono da anni sempre la stessa frase? Alla domanda del giornalista: "Quale sarà la novità dell'edizione di quest'anno?" rispondono: "È che ci sarà al centro la musica". Domanda mia: perché gli altri anni cosa c'era al centro? Le fave di fuca? Il polistirolo espanso? La pasta senza glutine? Tutti gli anni così. Si chiama "Festival della canzone italiana". Cosa vuoi che ci sia al centro? Se c'è una cinque giorni di ginecologia probabilmente al centro ci sarà la jolanda. Nei cinque giorni della trippa ci sarà la trippa, nei cinque giorni del Festival c'è la canzone. Fine.

IL MODELLO VECCHIO

Non ho mai capito come mai, quando una cosa funziona, piace, incontra il favore della maggior parte dei fruitori, la cambiano. Così. *D'emblée.* E quando? Generalmente quando si accorgono che funziona, appunto. Questa è la regola aurea del cambiamento. E sto parlando di prodotti di qualsiasi categoria merceologica. Dal reggiseno alla pomata per le distorsioni, dal modello di trapano alla marmellata di prugne bio. Ma perché?! Io mi sono sempre trovata bene con quel normale modello di reggiseno... perché non lo fate più? Risposta: "Eh, abbiamo cambiato la collezione. Adesso abbiamo quello melanzana in pizzo traforato e la coppa in neoprene". Ma mettitela tu la coppa in neoprene che d'estate dal calore poi mi si sciolgono le tette e perdo due taglie. "Se no c'è questo modello assai pratico di goretex e piume d'oca che fa il seno che sembra una coppia di civette."

Certo. Lo prendo di sicuro soprattutto perché è molto comodo da lavare. Cosa vuol dire "abbiamo cambiato collezione"? Io rivoglio il mio reggiseno normale, con la spallina stretta e la coppa morbida. Adesso mi metto qui sulla porta e picchetto il negozio finché non lo rimettete in produzione. Ci mancherebbe, fate bene a cambiare, è sacrosanto, rinnovate pure il vostro guardaroba mettendoci anche le mutande con gli Swarovski e i push up con le perle di fiume, fate dei reggiseni futuristi adoperando due scodelle tenute su con le bretelle del nonno, azzardate la bizzarria delle mutande in lamiera o sperimentate il filo del tanga fatto da uno spaghetto De Cecco, ma tenete anche i pezzi classici! Quelli che hanno resistito imperterriti negli anni, per l'amor del cielo! Se li avete venduti per anni, ci sarà ben stato un motivo! La clientela ve la siete fatta così, con la fidelizzazione, non con il primo cliente di passaggio.

Qualche giorno fa mi è successo col deodorante. Anni e anni di devozione assoluta sempre allo stesso. Neutro. Tranquillo. Senza profumo. Uno dei pochi punti fermi della mia vita. Vado in farmacia, lo cerco, lo riconoscerei tra mille, con il suo bel tappo celeste e... non c'è. Sarà finito, penso, l'ipotesi più scontata. E invece no. "Non lo fanno più" mi dice la commessa. "Ora c'è questo con il tappo argento." Che chic, penso. "Sempre della stessa marca ma senza sali di alluminio." Ah, neanche sapevo che nel mio prediletto ci fossero sti sali, poi di alluminio, manco del mar Morto. "Ma è uguale all'altro?" domando, da ingenua quale sono. "Certo. È solo più ecologico."

Mi fido e con me la mia ascella. Vado a casa, mi doccio e mi spruzzo. Intanto non ha lo stesso profumo, ha un vago sentore di pipì di gatto misto fagiolino bollito, e poi non passano dieci minuti che al primo sforzo con produzione di sudore, nella fattispecie sollevare una poltrona a mani nude per recuperare la chiavetta del computer che era andata a finire sotto, la mia ascella ha preso a gridare vendetta al cospetto del cielo. Non avevo più un'ascella deodorata, avevo una bestia di Satana. In pochi minuti il deodorante ha ceduto. Si è volatilizzato. Al primo accenno di ghiandola sudoripara si è dato alla fuga. Sarà la mancanza dell'alluminio. Sono sicura che l'alluminio aiutava. Guarda quante porte ci sono in alluminio, e come impediscono bene alla gente che non ha la chiave di entrare o di uscire. E adesso? Adesso per gestire la Natura tocca che mi lavi e mi deodori ogni quarto d'ora. Domanda. È possibile ogni tanto lasciare le cose come stanno?

L'ORA DI GEOGRAFIA

Parliamo di geografia. È da un pezzo che tigno su questa storia, abbiate pazienza. Come mai nella scuola italiana non si studia quasi più la geografia? La Gelmini l'ha praticamente abolita e la Buona Scuola di Renzi non l'ha ripristinata. Vediamo ora che succederà con il nuovo ministro Bussetti. Si studia la geografia italiana alle elementari, alle medie si fanno due ore la settimana, dopodiché sparisce.

Agli istituti professionali non c'è, nei tecnici nemmeno, al liceo si studia nel biennio, tre ore insieme a storia che se la mangia, e poi nel triennio scompare.

Come facciamo a creare una nuova classe dirigente col respiro internazionale, che non sappiamo manco più dove stanno sud e nord? Ma in un'epoca di globalizzazione, dove non ci sono più confini, in un mondo tutto collegato che se cade una verza a Nairobi fallisce una ditta di pinoli a Malaga, se crolla la borsa di Sydney van dal culo gli orafi di Alessandria, e se a Tokyo c'è siccità a Ravenna i fagioli costano il doppio, in un mondo diventato grosso come una Ricola succhiata, i nostri ragazzi non studiano la geografia? Ma è una roba da pazzi. La geografia adesso la impariamo solo con Trivial Pursuit.

Faccio un appello al ministro Bussetti. Chiedo di rendere obbligatorie in tutte le scuole superiori tre ore di Trivial e due di Risiko così almeno imparano dov'è la Kamchatka e non pensano che sia un tipo di pizza condita col ketchup. Oggi se chiedi a un ragazzo cos'è la Manica ti dice che è un taglio sartoriale di Dolce&Gabbana. Se chiedi dov'è Taiwan ti dicono: "Dove fanno le magliette" e se domandi: "Mi parli della corrente del golfo", ti rispondono: "Non so, io ho Enel energia".

Un concorrente dell'"Eredità", su RaiUno, tempo fa, alla domanda: "Dov'è il Monte Bianco?" ha risposto: "In Sardegna!"... Ma siamo sicuri che uno così abbia diritto di voto? Eh ma tutti a dire: tanto c'è Google Maps. Ma che cosa vuol dire?! Quello serve quando vuoi cercare le strade. Ma per diventare cittadini responsabili, per essere critici e consapevoli, tocca sapere! Studi l'inglese, ma non sai dove cacchio lo parlano. Ti offrono un lavoro nel Québec e tu dici: "Mamma, ho trovato un posto a Québec, le prime due settimane provo ad andare su e giù in macchina per capire, poi magari vedo se c'è qualche autobus che mi porta...".

Ma anche la Corea e Kim Jong-un. Speriamo di no, che non ci tirino le bombe nucleari, ma un conto è sapere che comunque la Corea è dall'altra parte del mondo, un conto invece è pensare che sia dopo Alba. Il bello è che nella scuola dell'obbligo la geografia non la studi più ma poi ti fan fare i test per entrare all'università e ti chiedono la qualsiasi: la densità di popolazione di Addis Abeba, fiumi ruscelli e pozzanghere presenti nel Caucaso, dove sono le fermate del 57 barrato a Toronto, quanti litri d'acqua ci sono nell'oceano Indiano, e dove vive l'uomo Del Monte.

Ma guarda anche Trump, che ha passato più tempo sulle pagine di "Playboy" che su quelle dell'Atlante... doveva mandare la portaerei in Corea e l'ha spedita in Australia. La geografia serve per formare i nostri giovani, che magari da adulti faranno i politici. Se non sai una minchia del tuo territorio, come fai a governarlo? Dobbiamo conoscere le frontiere, se un giorno vogliamo abbatterle. O no?

IL PUNTALE DELL'ALBERO DI NATALE

Appello ai costruttori di addobbi di Natale. È così difficile inventare un puntale da mettere in cima all'albero di Natale che stia dritto? Non dico fiero, erto, a perpendicolo: mi basta che non stia a sessanta gradi.

Del puntale sto parlando, quel coso bislungo che sta sulla punta del pino che è debolissima e non può reggere il peso di niente, manco di una piuma d'oca, potete non farlo di ghisa, che piega l'albero a metà? Ci sono puntali che pesano quintali. Ne ho visti di avorio pieno. Di plasticone. Di vetro di Murano. Ma le guardate, le punte dei pini, prima di costruire sti obici, sti missili di lamiera?

Ci vuole una roba di bava di ragno. Di fili di zampe di grillo. Di sudore di betulla.

Capite, amici, che invece la punta calante con le palle appese sotto indirizza già la strada che prenderà il Natale? Tra l'altro più si avvicina Natale e più va giù, pende come la torre di Pisa. Già sto puntale fai una fatica immensa a ficcarglielo su, almeno che resista!

Piuttosto inventatevi un rinforzo, un Viagra per pino, un Cialis per abete che ne indurisca la punta. Perché così, con tutti questi alberelli pendenti non si può più continuare. È un affronto al senso estetico dell'umanità.

LE ADOZIONI

Come mai è così complicato e costoso adottare un bambino?

In questi ultimi anni le famiglie adottive sono diminuite del 34 per cento. Eppure l'adozione è un'esperienza difficile ma bellissima. E perché si adotta sempre meno? Perché è una corsa a ostacoli. Primo ci vogliono un sacco di soldi. Circa venticinquemila euro per un'adozione internazionale. Quindi puoi essere generoso solo se c'hai i soldi.

E poi un sacco di tempo. L'attesa media per un'adozione internazionale è di circa due anni e mezzo. Il tempo che la sonda Voyager ci ha messo per raggiungere Saturno.

E in due anni e mezzo sai quante cose possono cambiare? Sai Belén in due anni e mezzo quanti fidanzati può aver fatto girare?

E intanto, mentre il tempo passa, il bambino, o la bambina, resta in comunità o in orfanotrofio o in balia di chissà chi. Pensa che spreco gigante d'amore impantanato in un intrico di regole tignose e antiche.

C'è un detto in piemontese che a me piace tantissimo perché è semplice e concreto: *Piutost che nient l'è mei piutost*. Che tradotto significa: piuttosto che niente, è meglio piuttosto. Qualunque cosa sia. Quindi perché selezionare solo coppie sposate? Apriamo le adozioni anche alle coppie conviventi, ai single, alle coppie omosessuali.

Fateli, i controlli, prima di affidare un bambino a un papà e a una mamma di seconda mano, ci mancherebbe, ma fateli in fretta. D'altronde per fare i figli in maniera naturale, mica si devono fare tutti questi test?

Io sono una mamma affidataria. Da dodici anni. Se dovessi dire una dote che tocca avere nell'affido è l'elasticità, la capacità di adattamento, la flessibilità, la resilienza.

Hai presente il navigatore quando sbagli strada che ti dice: "Ricalcolo percorso"? Ecco. Nell'affido è uguale. Ogni tanto devi ricalcolare il percorso, perché improvvisamente la strada è sbarrata. C'è una frana che ingombra il cammino, bisogna andare piano piano, senza pestare sull'acceleratore, il terreno è maledettamente sdrucciolevole e se freni di colpo sei fottuto.

Ma vuoi mettere la bellezza del viaggio?

Ho qui una lettera per te, bambino o bambina che sei stato adottato. L'ho scritta a nome di tutte le mamme adottive o affidatarie e di tutti i papà. S'intitola *Lettera a un bambino rinato* e dice così:

LETTERA A UN BAMBINO RINATO

Caro te. Che sei femmina o sei maschio, poco importa. Te che non sei nato dalla mia pancia ma dal mio cuore. Te che hai una faccia diversa dalla mia, anche se tutti dicono che ci somigliamo.

Te che la vita è bastarda, perché ti ha fatto nascere in un posto e rinascere in un altro. E non hai potuto scegliere. Nessuna delle due volte.

Te che una mamma ce l'avevi ma poi ne è arrivata un'altra e adesso ne hai due ed è un gran casino.

Te che sei da maneggiare con cura come c'è scritto sulle robe fragili. Che sei fatto di spine e ogni tanto pungi e ti dispiace. Che a volte non ci stai dentro, che vuoi scappare e non sai da cosa.

Te che per paura di essere lasciato lasci, che non ti fidi mai, te che "dimmi che mi vuoi bene ma dimmelo venti volte di seguito".

Te che "posso venire nel letto con te" e che "dimmi che non mi lasci anche tu".

Te che è vero che sei un figlio o una figlia diversa. Perché i figli nati solo dal cuore sono più figli ancora degli altri. Sei un figlio al quadrato. Un figlio alla terza, alla quarta, alla quinta potenza.

Perché sei stato l'attesa, il mistero, la pazienza, la tenacia, il senso definitivo di tutto.

Se ci fosse una misura dell'amore ti direi che il mio amore per te non sta dentro una piscina olimpionica.

Se lo misurassi in chilometri sarebbe lungo come la Salerno-Reggio Calabria, la Transiberiana e la curva dell'arcobaleno.

Se fosse un mare sarebbe tutti gli oceani messi insieme e se fosse cielo una galassia intera. Un miliardo di stelle e sarebbero tutte per te.

E se non sei convinto voglio ripetertelo ancora: sei mio figlio, sei mia figlia, in ogni istante di ogni minuto di ogni ora della mia vita. E non potrei mai di tutti i mai del mondo fare a meno di te. Per questo ti do tutti i baci che ho.

I PIROMANI

Sta nascendo una nuova figura professionale: i piromani. Gente che di mestiere appicca il fuoco apposta. Roba da non crederci. E perché lo fanno? Per divertimento, per noia, per convenienza. Va' a sapere. E di questo sporco lavoro approfittano anche i cacciatori, che si appostano vicino ai boschi in fiamme per sparare meglio agli animali in fuga. Pensa che coraggio. Un fucile contro un daino che, al massimo, se ti prende lui, ti lecca.

Ho scritto una lettera proprio per voi, amici piromani:

Mi rivolgo a voi,

amici piromani. Incommensurabili teste di mi... funamboli della faccia da cu... confraternita di pezzi di me... schizzi di fango e feci di cornacchia. La domanda è una e una sola: ma dentro il cranio cosa avete? Un covo di cimici? Il sacchetto dell'umido? Parlo a te, piromane della Valsusa. Che credi di essere l'uomo torcia dei Fantastici Quattro e invece sei un povero imbecille.

E anche a te, che d'estate hai incendiato ettari ed ettari di bosco in Sicilia e in giro per l'Italia. E a te, che magari hai mandato qualcuno con i cerini perché poi speravi di costruirci un bel quartierino abusivo. Sai cosa ti auguro? Prima di tutto che, mentre sei lì chinato con l'accendino in mano a dar fuoco alle piante, un cinghiale scambi i tuoi amici di maria per due ghiande e te li ranzi via in un boccone. E poi, visto che gli alberi li hai bruciati, anche che tutti i cani dell'Italia vengano a far pipì addosso a te.

Ti auguro altresì con tutto il cuore che Dio esista e che l'inferno ti aspetti, così provi l'ebbrezza della combustione... e che mentre cerchi di scappare ci sia un cervo con una carabina caricata a sale che ti spari su quelle inutili chiappe. O anche sulle guance, che nel tuo caso, essere orribile e indegno, sono esattamente la stessa cosa.

Ma il migliore augurio che ti posso fare è che ti prendano e come condanna ti mettano a ripiantare tutte le piante che sono andate bruciate. Ma tutte. Così capisci che meraviglia di lavoro aveva fatto la Natura e che tu hai distrutto, coglione.

P.S. Comunque ho notato che i piromani sono tutti uomini. Non ho mai sentito di donne piromani. Dev'essere una roba che ha a che fare con il testosterone. Il famoso testosterone di minchia.

GLI SPOT DEL GIOCO D'AZZARDO

Non capisco questa moda dei calciatori che fanno gli spot del gioco d'azzardo. Del poker online. Ora, se c'è in Italia una categoria che arriva a fine mese con una certa tranquillità, è proprio quella dei calciatori professionisti, e quindi mi chiedo: è proprio necessario pubblicizzare una malattia? Perché di una malattia si tratta...

In Italia, secondo gli ultimi dati, ci sono un milione di ludopatici, cioè di persone dipendenti dal gioco d'azzardo. Capisco ancora uno spot qualsiasi: sei un personaggio noto, ci sta, l'ho fatto anch'io. Ma fallo di yogurt, deodoranti, solette contro il cattivo odore dei piedi, che è una cosa che rientra anche nel tuo specifico professionale... Per quale motivo devi fare il testimonial di una cosa che distrugge le famiglie e crea un sacco d'infelicità? Se ti chiedessero di fare la pubblicità, che ne so, a favore delle verruche la faresti? Non credo.

E la cosa bella è che poi mettono una voce che dice: "Gioca responsabilmente". È come dire: "Schiantatevi, ma lentamente". "Sparatevi, ma con un calibro piccolo." "Ciupate, ma fate veloce." Ma poi, dovete proprio mettere calciatori e sportivi, che sono un modello per milioni di ragazzi?

L'obiezione è: "Eh ma la fanno loro perché sono giocatori"? Eh no. Non confondiamo la parola "gioco" con il gioco d'azzardo, che è tutta un'altra cosa. In Italia il giro d'affari è intorno ai novantasei miliardi di euro l'anno, in crescita circa del sette per cento ogni anno, e lo Stato ci guadagna miliardi di euro, ma ti sembra normale? Le sigarette, il gioco... manca solo che mettano il monopolio sul traffico di stupefacenti e sull'evasione fiscale, poi avremo fatto *en plein*...

Io negli spot del poker metterei uno sfigato che perde tutto, perché, a esagerare, quello si diventa.

LE FOTO SUI PACCHETTI DI SIGARETTE

Perché ci sono delle foto sempre più orribili sui pacchetti delle sigarette? Questo è un mistero. Siamo un paese di pazzi. Già, perché lo Stato prima guadagna sulle sigarette, poi per pulirsi la coscienza stampa sui pacchetti delle immagini mostruose per dirci che ci fa male. Io, che peraltro non fumo, quella roba lì la trovo tremenda. È come venderti una pistola carica e avvertirti che se la avvicini alla tempia spara. Ma poi tu su un frullatore ci metti la foto di una manina trapanata con scritto "Chi mette le mani dentro mentre è in funzione diventa così"? Dimmi.

Del resto lo Stato è anche biscazziere, guadagna dal lotto, dal gratta e vinci e dalle slot machine, ma ti dice che il gioco può creare dipendenza patologica. E non farmi iniziare! È come se lo spacciatore di eroina ti dicesse: "Oh, io te la do. Ma occhio che poi ti cascano i denti".

I pacchetti di sigarette sono dei film dell'orrore, manca solo che il tabaccaio sbuchi dal bancone con la maschera da zombie e la falce... Ormai la gente non sceglie più le sigarette in base alla marca, ma in base alle foto... "Mi dia un pacchetto di enfisema polmonare per favore." "Vuole quelle col glaucoma?" "Ma no, va'... mi dia quelle con l'impotenza, tanto sono per mia moglie..."

Sai dove metterei io le scritte? Sui politici. Come avvertimento. Hai un ministro delle Finanze che fa schifo? Gli fai scrivere sopra: "Nuoce gravemente al Bilancio". Oppure a quello che ha preso la mazzetta, gli scrivi: "Il fumo fa male ma anche sto stronzo mica scherza". E su quello che cambia schieramento politico in continuazione? "Attenzione che questo può cambiare di nuovo parrocchia."

LE POLVERI SOTTILI

Cosa facciamo noi città del nord per combattere le polveri sottili? Quali grandi piani abbiamo architettato per migliorare la qualità dell'aria? Due soluzioni innovative e altamente tecnologiche, tenetevi forte: speriamo che piova o che si alzi il vento per portare via lo smog. Bon.

Che è un po' come quando hai i pavimenti sporchi sperare che si spacchi un tubo e la casa si allaghi, così risolvi il problema senza fare una mazza.

Io non ci posso credere... Ma scusa. In ogni campo c'è gente che studia soluzioni strabilianti: abbiamo esperti di nucleare, esperti aerospaziali, esperti fisici quantistici ed esperti chimici intramolecolari, e non riusciamo a risolvere sto problema delle polveri sottili e delle emissioni? Noi a Torino abbiamo il P10 a palla. Ormai Torino è come Pechino, stanno venendo a tutti gli occhi a mandorla. Se tu respiri a pieni polmoni per dieci secondi e poi soffi dentro il serbatoio arrivi tranquilla a Reggio Calabria...

Ieri in piazza Castello ho respirato una Cinquecento. Tutta intera. Noi torinesi siamo gli unici al mondo con i bronchi a doppia corsia.

Dico la verità, se fossi la Appendino regalerei a ogni neonato una marmitta catalitica.

Ora, io capisco che i sindaci non possono fare miracoli, improvvisare la danza della pioggia o mandare i vigili a bucare le gomme dei diesel, però consigliare di tenere le finestre chiuse e di non uscire di casa nelle ore di maggior traffico sembra una roba che potrebbe dire un comico.

Allora a questo punto da comica io un paio di idee ce le avrei. Tipo? Siccome a Pasquetta piove sempre, aumentare il numero delle Pasquette. Altrimenti passare con le autobotti e bagnare le strade: visto che – come dice il proverbio – piove sempre sul bagnato, chissà, magari aiuta.

Ti dico come finirà? Aumenteranno per decreto la soglia delle polveri sottili. Vedrai.

LA SCRITTURA DEI MEDICI

Un altro mistero insolubile da sempre è questo: perché la calligrafia dei medici è illeggibile? Ma a Medicina, insieme ad anatomia patologica e cardiologia, c'è anche un esame di "scrittura incomprensibile"? C'è la specializzazione in "ghirigori"? Voi medici imparate a scrivere guardando come fa la gallina con una biro nel sedere? Forse è una cosa voluta, per tenere il paziente in soggezione, che legge e non capisce minimamente se deve comprare una pomata o un blister di supposte.

I nomi dei farmaci scritti sulle ricette sono sempre sgorbi incomprensibili. Ma il mistero s'infittisce quando vai in farmacia con l'ardire tronfio di chi sa che neanche lei, la farmacista, riuscirà a decifrare la parola monca e lo scarabocchio pernacchio e invece... miracolo.

Con sicumera assoluta la tua farmacista si aggira come una libellula leggera per il negozio, di slancio apre le cassettiere e ti scatafratta sul bancone la medicina. Senza fare un plissé. Sono convinta che medici e farmacisti abbiano un codice segreto tutto loro, tipo alfabeto farfallino, che noi non comprenderemo mai.

LA STAZIONE SPAZIALE

Preghiera accorata. Potete smetterla di dirci quando c'è il rischio che qualcosa piova dal cielo e caschi sulle nostre teste visto che niente noi possiamo farci? I meteoriti? Ogni due per tre ci dicono che stanno per sfiorare la terra. Ma perché ci informate? Cosa possiamo fare noi? Metterci a soffiare per deviargli la rotta? Piazzare un tappeto elastico sul Mar Rosso e sperare che cada lì e poi rimbalzi su Plutone? Gridare tutti insieme "Buttati che è morbido"? Figurati. Non riesco a schivare lo spruzzo delle macchine quando passano nelle pozzanghere, pensa un po' un Buondì Motta che cade dal cielo...

Poi "sfiorare la terra" significa che passa a diecimila chilometri. Minchia diecimila chilometri e mi metti l'ansia? Per me sfiorare è quando tocco lo specchietto della Panda posteggiata, non il meteorite nella ionosfera.

Vi ricordate quando la stazione spaziale cinese Tiangong 1 doveva schiantarsi in Emilia Romagna? Tra l'altro c'era da aspettarselo. Sti cinesi fan sempre le cose taroccate, già i giocattoli, se li fanno i cinesi, sono pericolosi perché perdono i pezzi e i bambini li possono inghiottire, figurati una navicella che si spappola per terra. Ma persino la protezione civile non sapeva cosa dire. Il comunicato diceva più o meno così: è la prima volta che ci cade addosso una stazione spaziale cinese, speriamo in bene. Ma come "Speriamo in bene"? "Speriamo in bene" lo dico io che sono cretina allo stato puro, io che vivo la mia vita di oca giuliva facendo la gadana a pagamento, ma dalla protezione civile e dagli scienziati mi aspetto qualcosetta di più.

Qualche navicella sarà ben già caduta da qualche parte, no? Magari era polacca o bielorussa ma il botto che fa è uguale! Han detto soltanto: niente picnic di Pasquetta, perché rischiate che vi arrivi un tocchetto sulla frittata. Poi. Non andate sul tetto ma state in cantina, e da ultimo se vedete in giro frammenti caduti dallo spazio, non portateveli a casa come souvenir perché potrebbero contenere idrazina. Non ci dicono cosa sia sta idrazina ma a occhio e croce non dovrebbe essere niente di buono. Idrazina sembra il nome di una cavalla, e se anche fosse, prenderla in testa non fa piacere.

Per fortuna sta cavolo di stazione che doveva precipitare dalle parti di Reggio Emilia è caduta, sai dove? Nell'oceano Pacifico. Ma come nell'oceano Pacifico?! Ma minchia. Ma guarda che dall'Appennino all'oceano Pacifico ce ne passa. Non stiamo dicendo che da Reggio Emilia è finita a Viterbo. È finita tra quelli che fanno surf a Honolulu... Ma chi le ha fatte ste previsioni? Winnie the Pooh?

Amici scienziati, state almeno zitti, se non sapete una mazza! Piuttosto fate parlare Giuliacci delle previsioni, che ogni tanto sbaglia anche lui ma almeno è rassicurante.

IL GELICIDIO

Non so se ci avete fatto caso, ma ogni tanto piombano nel linguaggio comune parole nuove, termini mai sentiti prima. Li percepisci inizialmente ai tg. Poi passano alla radio. Quindi li leggi sulla carta stampata. Infine sulla bocca dei tuoi figli. Quando li senti pronunciati dalla nonna vuol dire che è fatta.

Ultima in ordine di tempo è: "gelicidio". La prima volta che l'ho sentita ho pensato: hanno accoltellato qualcuno con un calippo? Un altro è schiattato di overdose di gel? Invece significa semplicemente che fa un freddo porco e si gela. Ma allora non puoi dire "gelata" che non spaventa nessuno? "Gelicidio" sembra una delle dieci piaghe d'Egitto: la pioggia di fuoco e ghiaccio, l'invasione delle cavallette e delle rane, la strage dei primogeniti maschi e... il gelicidio! Adesso, quando farà caldo cosa diranno? Che c'è il caldicidio? C'è il supplizio ascellare? L'ecatombe sudorifera?

I NOMI DEI PAESI

Ci sono paesi in Italia che hanno nomi meravigliosi ed evocativi: Alberobello, Portovenere, Castelluccio, Fiumelatte, Portofino, Dolceacqua, che già dal nome ti immagini un luogo magico, un posto incantevole e pieno di fascino. Poi invece ce ne sono altri, di paesi, che magari anche loro brutti non sono, ma che hanno nomi veramente impegnativi. Che se tu residente vai all'anagrafe e ti chiedono: "Comune di residenza?". Devi rispondere: "Orgia. Vengo da Orgia". "Da Orcia?" "No no, Orgia in provincia di Siena" "Complimenti, allora da quelle parti vi divertite!"

Alla luce di questo, è possibile modificare i nomi di questi paesi come si fa per i brutti cognomi per consentire alle persone di non sfrantecarsi l'anima tutte le volte che devono dare il loro indirizzo? Perché uno deve nascere a Portovenere e un altro avere la residenza a Valle delle Fiche? Esiste. È un'amena località che si trova nel Comune di Rio nell'Elba. Che se si trovasse in Francia, sarebbe più tollerabile... Val des Fiches... potrebbe ricordare un casinò. Ma Valle delle Fiche ricorda solo un casino senza l'accento sulla "o". Per carità, a qualcuno piacerà anche. Galvanizza dire: "Dove abiti?". "A Trepalle." Non so, magari ti senti fiero. E ti risparmio paesi tipo La Sega. Mi immagino l'inviato tv: "E... come passate il tempo, qui a... a La Sega?".

Domanda. Non si può dare una dispensa ai sindaci per fare un piccolo referendum tra la popolazione e chiedere se cambiare nome o no? Chiavari. Adesso noi siamo abituati, è un bel posto, ma anche Chiavari come nome non è proprio il massimo della vita. Per fortuna la finale in "i" ti salva. Ma bastava una "e" e ciao. A volte si battezza un paese in un certo modo per via del suo passato. Che ci sta. Però un paese che si chiama Po di Gnocca, cos'era nel passato? Un paese con pochissime femmine? A maggioranza maschi? Da dove sarà nato? Da una statistica? "Quanta gnocca c'è, al paese tuo?" "Uh, da me tanta!" "Eh beato... da me solo un po'." Ecco allora nascere Po di Gnocca. Che comunque meglio poca che niente. Peggio sarebbe se ci fosse un paese che si chiamasse Figazero. Invece, in provincia di Siena c'è Belsedere, e lì è andata persino bene, perché l'alternativa poteva essere peggio. Pensa se il sedere non era bello? Cosa facevano, chiamavano il paese Bruttoculo? O pensa se tutta la valle era abitata da donne tipo Jennifer Lopez e prendeva il nome di Val Culone?

Però anche con Belsedere basterebbe poco, può diventare facilmente Belvedere, che è anche un nome classico, se vogliamo, a meno che gli abitanti siano contenti così. Che abitando lì si sentano persino più fortunati. Vai a sapere. E che cosa dovrebbe dire chi vive alle falde del monte Baciaculo, nel Bresciano? Guarda che di Baciaculi già ne abbiamo tanti in Italia, era proprio necessario intitolargli anche un monte?

Pensa che c'è un paese in provincia di Lucca che si chiama Vagli. Che fin lì, ci può stare. Non è neanche un nome particolarmente strano. Ma la cosa bizzarra è che è una cittadina dislocata in due aree. Quindi c'è Vagli sotto e Vagli sopra. E meno male che non c'è un Vagli nell'entroterra, più defilato, altrimenti come lo chiamavano? Vagli dietro?

Un altro si chiama Buco del Signore e sta in provincia di Reggio Emilia. Tu senti sto nome e cosa ti viene in mente? Non un prato fiorito o un colle solatio... Intanto io mi chiedo a chi mai possa essere venuto in mente di chiamare un paese Buco del Signore. Non ci hanno pensato? Giustificazione: eh, ma quel nome l'hanno messo nel Medioevo. Cosa vuol dire? Perché nel Medioevo non c'erano buchi? Nel Medioevo curavano la pressione alta con le sanguisughe, pensavano che la terra fosse piatta, bruciavano le streghe sul rogo ma i buchi ce li avevano anche loro... Ma chiamalo Antro del Signore, Caverna del Signore, Grotta del Signore, tutto meno che Buco. Perché Buco ha un significato ampio, è facile trascendere.

Comunque, sempre tornando a Buco del Signore, colpo di scena: ho scoperto che Buco del Signore è già il nome cambiato. E ho pensato: non me lo dire. Non dirmi che prima si chiamava Ano. No. Per fortuna. Sai come si chiamava? Buco della Signora!... Guarda che non ci puoi credere.

E siccome Buco della Signora lo trovavano spudorato cosa hanno fatto? Hanno cambiato il sesso del proprietario del buco! Ma ti pare? Ma cosa cambia?! Abbi pazienza, il problema è il buco. Poi che sia del signore o della signora chissenefrega... Cambia una vocale a buco. Chiamalo: Bico, Baco, Becco, Bacio... ma non Buco. Bacio della Signora. Bacio del Signore. O se no lo chiami solo Buco senza specificare di chi mai sia sto buco! Buco a mia insaputa.

I WALTER

Parto sobria. Parto fluida. Nel mondo ci sono cose che si allungano e cose che si accorciano. Si alzano i livelli dei mari e si abbassano i ghiacciai, si alza l'età pensionabile e calano le nascite, si riducono le riserve naturali e aumenta la cementificazione, si allunga la vita media... e si accorciano i walter. Ooooh yes. L'organo maschile si sta ritirando come un cachemire lavato a caldo. È in corso un'erosione che rischia di trasformare l'Everest in una collina delle Langhe. Tra l'altro si accorcia mica di poco. Vuoi sapere di quanto? Di un centimetro. Pensa.

Pensa che bella scusa ha fornito la Natura a voi maschietti contemporanei. D'ora in poi, quando un uomo si spoglierà davanti a una donna, potrà dire: "Cara, scusami ma è un fenomeno mondiale!". Questo perché il livello di testosterone è sceso con conseguente grave dewalteramento in corso. Per cui da oggi invece che walter, lo chiamerò walt. La chiamano femminizzazione. E pare che dipenda dalla diffusione di sostanze chimiche presenti in oggetti di uso quotidiano che interferiscono sul nostro sistema ormonale. Ad esempio gli ftalati, con la "ft", da pronunciare come se ti fosse rimasto del prezzemolo tra i denti.

Gli ftalati sono presenti per esempio nella pellicola trasparente che noi usiamo per avvolgere gli avanzi in frigo. Ma non è che capita se ce lo avvolgiamo dentro, questo lo vorrei chiarire. È l'ingerimento continuo di molecole di ftalati che precipitano nel cibo a causare la miniaturizzazione del bigolo. La depenalizzazione. Guarda che un centimetro ogni quindici anni è tanto, eh? Nel giro di sessant'anni a parecchi sarà già sparito, visto quello che si trova in giro. Ti ricordi "Brava, Giovanna, brava", la topolona della pubblicità che dava il Fernovus al cancello? Probabilmente quando ha cominciato a dipingere era Gualtiero, uno scaricatore del porto di Genova...

L'unico dato positivo è che la lunghezza del walt è una misura non inserita nella carta di identità, altrimenti ci sarebbero stati milioni di documenti da modificare. Gli unici sempre in vantaggio sono i neri, che già di natura ne hanno in avanzo. In più, dato che in Africa non usano pellicole, a loro non si accorcia per nulla. Quindi consiglio a tutte le donne di prenotare due mesi in un agriturismo di Malindi. Sono tanto preoccupata per i cinesi. Che già ce lo hanno tra i più picinin e col passare del tempo gli diventerà un chicco di riso. Non sarà che la colpa è del tofu che in realtà è pellicola trasparente pressata a panetti?

E non solo si accorcia ma, aggiungono gli scienziati, il maschio del futuro sarà anche meno maschio. Per cui anche i leghisti dovranno passare dal "ce l'abbiamo duro" a "ce lo abbiamo alla coque". E anche meno fertile purtroppo. Pensa che in Italia abbiamo perso quasi metà degli spermatozoi. Nel 1976 un uomo produceva circa 400 milioni di fantasmini ogni volta, i maschi avevano un PIL floridissimo, ora ne hanno persi ben il 40 per cento, già da giovani. E in più la maggior parte nuotano lenti, arrancano. Invece di partire come Bolt in una gara di cento metri girano in tondo, sembrano ubriachi. E tantissimi sono senza testa e senza coda, sembrano un discorso di Razzi.

La notizia è brutta, ma ringraziamo comunque chi si è applicato a questo studio con fatica e impegno, e ne ha tratto questi elementi informativi. Grazie quindi a tutti gli studiosi del ca...

LA PIPÌ IN MARE

Il mondo si divide in due. Quelli che fanno la pipì in mare e quelli che dicono di non farla ma la fanno lo stesso. E sono soprattutto i maschi. Se ci fai caso in spiaggia la coda al bagno è sempre fatta di donne, mai un uomo a morire anche se sono soci onorari del Club Amici della prostata. I maschi sono in grado di stare in spiaggia dodici ore consecutive senza avvicinarsi mai alla toilette pur bevendo taniche di liquidi di ogni tipo.

Tanto li sgami subito quelli che fanno pipì in mare... Prima di tutto perché si fermano con l'acqua giusto alla cintola, che l'onda gli riempia bene l'ombelico, e poi hanno quello sguardo alla Hemingway perso verso l'orizzonte, lo sguardo della beatitudine, l'epifania del benessere, una felicità, come posso dirti?, primordiale. In quel momento vengono cancellati millenni di evoluzione umana. Gli orinatori marini guardano e non guardano. Ti accorgi che stanno minzionando perché sembrano spenti. E poi stanno immobili a camaleonte. Alcuni anche a gambe leggermente aperte e mento fiero mussoliniano.

Bene. Se vedete uno fermo immobile con l'acqua che gli

lambisce la vita, che guarda verso riva e sorride, sta orinando. Sembra che si stia riempiendo l'anima, invece sta svuotando il corpo. Tu fai per raggiungerli ma loro ti fermano per paura che entri nella zona a rischio e ti urlano: "No, aspetta, non ti avvicinare, ci sono le meduse!!!". Quanti ne abbiamo visti col bermudone lasco, il pipolon che ballava il *despacito*, il segno della medusa sulla fronte, gridare: "Hai visto com'è pulita l'acqua quest'anno? Sono i depuratori di Varazze!", mentre aprivano la cisterna.

Il maschio ha proprio una perversione particolare per lo svuotamento delle sentine in mare... poi se l'acqua è fredda ancora meglio... È un modo come un altro per diventare termoautonomi.

LE DICHIARAZIONI ASSOLUTE

Appello ai politici. Cercate di essere un po' meno drastici quando parlate. È inutile dire: "Io qui, io là, io me ne vado se, io faccio questo, io spacco quello", se sai che dopo due giorni ti rimangi tutto. "Io se vado al governo esco dall'Euro!" "Mai più un premier che non sia eletto dal popolo!"

Ecco. Meno. D'ora in avanti... meno. Tenetevi più sul generale. Usate il condizionale: "Uscirei" dall'euro. "Ci piacerebbe." "Gradiremmo." Così anche se poi non uscite, imbarazza meno. Dite cose più sfumate: "Ci sfagiolerebbe fare il reddito di cittadinanza, però prima vorremmo sentire il parere di Paolo Fox...".

Come si dice: vaghezza, mezza bellezza.

IL TAPPETO ROSSO A VENEZIA

Parliamo del festival del cinema di Venezia. Io non mi spiego come mai da un po' di anni a questa parte su sto tappeto rosso ci marcian tutti. Una volta era prerogativa dei divi americani e dei divi autoctoni, adesso ci passano sopra tutti. Anche quelli che non c'entrano una mazza. Ho capito che ti piace fare il divo... ma allora fai così, amore caro amore bello, comprati tre metri di moquette ciliegia al Bricocenter e vai su e giù nell'androne del tuo condominio. Gente che di mestiere fa la badola sui social che arriva a Venezia soltanto per sfoggiare abitini giropassera e tacchi a stecca da biliardo. I politici. Ma perché i politici devono fare il tappeto rosso?..."Eh, ma siamo qui in veste istituzionale." Appunto! Proprio perché sei lì in veste istituzionale non devi passeggiare su e giù per i tappeti, anche perché poi i fotografi stranieri van giù di testa, non ti riconoscono...

Tutti a dire: "Ma chi è questa? Che film ha fatto?". "Ha fatto *Renzi contro tutti*." Ma scusa. Io mica vado a Montecitorio a far su e giù per gli scranni... A ciascuno il suo posto. Io salgo sulle scrivanie, tu ministro stai seduto in poltrona, tu soubrette manda i baci su Instagram e lasciamo che Penélope Cruz sciabatti sul tappeto.

LE IMMAGINI SU GOOGLE

Una questione che riguarda la rete. Voglio che qualcuno mi spieghi questo mistero. Allora. Metti che ti parlino di una certa persona. E metti che tu vada su Google per cercare informazioni su questa persona. E poi metti che tu voglia anche vedere che faccia ha. A questo punto cosa fai? Clicchi sopra "immagini" per vedere le foto. E a questo punto *bam!* ti compaiono ottocento foto di persone che con quel tizio non c'entrano una mazza.

Che ne so, digiti "Armando Rossi" e su "immagini" ti appare la foto di Veltroni, due cugini di Panarea, un campione di pesca d'altura e un labrador di tre anni di Cividale del Friuli. E Armando Rossi magari è la sessantaquattresima foto in basso a destra. E tu come fai a saperlo? Mettiti pure il cuore in pace perché non lo saprai mai. Ma perché? Se io ti chiedo la foto di Armando Rossi mettimi la foto di Armando Rossi, maledizione, non di Venanzio Siliquini, scusa. Hai solo un'immagine di Armando ed è sfocata? Pazienza. Metti quella e magari scrivici sotto: "Ho solo questa, mi dispiace".

Poi alle volte certi collegamenti li capisci, di altri non comprendi proprio il nesso. Perché magari Armando Rossi ha scritto un articolo su Siliquini e poi anche lui ha trovato un cane a Cividale del Friuli... chi lo sa. Metti che per motivi inspiegabili un disperato vada a cercare su Google "Fabio Fazio", clicchi immagini... ciao. Gli appare la foto di Assad... che somiglia a Fabio in maniera imbarazzante ma grazie a Dio non è lui. O, se va di lusso, quella di Sean Penn perché magari l'ha intervistato! E così uno pensa che la faccia di Fabio Fazio sia quella!

A questo punto, la prossima volta che incrocio Monica

Bellucci la voglio intervistare. Così, quando qualcuno andrà a cercare il mio nome su Google, magari tra le prime foto ci sarà Monica Bellucci...

LA PAURA

È così. Ormai viviamo paralizzati dalla paura. Se in stazione vediamo un omone grande e grosso col barbone non è che pensiamo che sia il pirata Barbanera o Frate Indovino. Immaginiamo subito che sia un terrorista islamico. Poi magari si gira e scopriamo che è Cannavacciuolo che sta andando a sfasciare la schiena di qualche chef.

E con le malattie, uguale. Ormai siamo tutti ossessionati. Ci fa male il mignolo del piede? Andiamo subito su Google a digitare: "dolore mignolino piede". E vien fuori di tutto: cancrena, ebola o lebbra. E tu magari hai solo battuto il dito due giorni prima contro la gamba del comodino. Ti fischia un orecchio? C'è scritto nell'ordine che: ti sta per scoppiare il cervello, le formiche ti hanno fatto un nido nell'ipotalamo e quello che senti è il fischio del creatore che ti dice di andare su da Lui.

E l'olio di palma? Non ce l'eravamo mai cagato sto olio di palma, scusate. Non sapevamo manco che esistesse. Adesso sembra che sia Satana. Nella scala del male al primo posto c'è il diavolo e subito sotto l'olio di palma. Non c'è più un biscotto che ne abbia una goccia. Vai al supermercato e dappertutto c'è scritto "Senza olio di palma" anche sulle acciughe sotto sale e sulle lettiere per gatti.

I tg sono dei film dell'orrore. Di notte ti sogni Giorgino che vola a bordo delle sue orecchie mentre grida: "Si va in pensione a centoventitré anniii", "Trump vuole bombardare la Corea perché gli è entrata la tintura nel cervellooo", "Lapo Elkann diventa ministro dell'istruzioneee!!!".

C'è il caldo? Emergenza caldo. C'è la neve? Emergenza neve. C'è tiepido? Emergenza tiepido.

Se non piove ti soffocano le polveri sottili, se si mette a piovere, dopo due minuti è già alluvione.

Persino degli antibiotici ci hanno detto che tra qualche anno non serviranno più a una mazza, i virus saranno diventati enormi, saranno grossi come Adinolfi e li porteremo al guinzaglio... ma come si fa a vivere così?

LE SCHEDE ELETTORALI E I GETTONI D'ORO

Ma com'è possibile che viviamo in un mondo supertecnologico – è tutto elettronico: le sigarette, il sesso, i pacemaker, le auto ibride, c'è persino il water elettronico che ti lava anche il sedere – e noi votiamo ancora col foglietto e la matitina dell'Ikea? Abbiamo ancora le schede di carta, le cabine di compensato, lo scatolone di cartone smangiato con la fessura per infilarci le schede... Tu entri nel seggio e ti sembra lo studio di "Art Attack". Manca solo come presidente Giovanni Muciaccia. Son quelle cose obsolete che non ti spieghi.

Stesso discorso vale per i premi in gettoni d'oro. Mi spieghi come mai i premi della Rai e anche di Mediaset sono in gettoni d'oro? Ma dove siamo? Nel mondo del pirata Barbanera? Potrebbero ricaricarti la Postepay, farti un bonifico, mandare direttamente a casa tua un funzionario con una carriola piena di euro. Invece no: gettoni d'oro.

Come se il direttore finanziario della Rai fosse Harry Potter o Paperone.

I gettoni d'oro sono come lo Cnel: non sappiamo manco che esistano. Ma ho scoperto il motivo. Te lo spiego. Lo Stato non può pagare in denaro i suoi premi altrimenti sarebbe istigazione al gioco d'azzardo. Allora cosa succede? Il vincitore si becca i gettoni d'oro. Però non li ha fisicamente, ma simbolicamente. Gettoni d'oro da cui sono già detratte all'origine le tasse e l'iva, il costo del conio e la perdita nella fusione. Tu vincitore li rivendi alla zecca e di nuovo ti detraggono il costo della fusione e la perdita fisiologica. Quindi che ti rimane alla fine?! Molto molto meno.

E ribadisco: tutto questo perché lo Stato non può guadagnare sul gioco d'azzardo. Pazzesco. E poi non è vero: lo Stato guadagna sul gioco d'azzardo, sui gratta e vinci, sulle lotterie, sulle slot machine, sui videopoker, non può guadagnare soltanto sui premi dei quiz.

LA SPACCATA

Non capisco come mai quelle che si mettono spacchi vertiginosi e scollature a Grand Canyon poi si stupiscono che facciano capolino tette e jolanda. Facci caso. All'ora dello spritz arrivano al bar conciate che manco alle selezioni di Miss Italia. Fanno a gara a chi tiene le gambe più divaricate. Ti dico solo che l'accavallamento di Sharon Stone in *Basic Instinct* ormai è una cosa da proiettare al meeting di CL. Si è inaugurato proprio il patata trend. Siamo in trend patatopic. Si vedono più jolande all'aperitivo che in un consultorio. Sembrano tutte Chiellini quando entra in spaccata. Guarda. Gateau di patate a pioggia. Toponomastica a tutto spiano. Fai caso ai maschi già un po' frollati, gli si drizzano i capelli che sembrano una di quelle ramazze di ferro per rastrellare le foglie secche. Sarà una moda mutuata dalla tv, dove ormai si vede di tutto. Ha iniziato la Parietti, facendo la spaccata in verticale e mostrando l'origine del mondo in 3D. Diciamo che lei è stata la scaturigine primigenia. Il Big Bang che ha causato una radiazione patatonica che ha schiuso le jolande di tutte le altre concorrenti.

Più che mostrare il tango si mostra il tanga. Si è capito che le belinde fanno ascolto e alé. Secondo me tocca dire ai coreografi di ridurre le spaccate. Bene i passi a due, bene le giravolte, bene i caschè, ma spaccate meno. Molto meno. Oltretutto la spaccata non è sana, è usurante anche per i femori. A meno che, prima di ballare, con una brugola si allenti il collo dell'anca.

Perché guarda che se tu tiri su un femore con quella forza, rischi prima o poi che ti si apra il bacino in due come quando si eviscerano le trote.

O resti bloccata a tirabusson. Un apribottiglie. Se no chiedo la par condicio. Perché devono essere solo le donne a far prendere aria alla sala giochi? Io pretendo che lo facciano anche i maschi! Pensa Gerry Scotti che fa la spaccata... poi non lo tiri più su. Si schiaccia le noci di cocco. Tempo fa c'era la moda del salta-fuori-il-capezzolo a tradimento, ora si è passati all'alzata di gamba con apparizione di jole. Tremo a pensare quale sarà il passo successivo. Se va avanti così vedremo una gnocchissima che entra in scena, tira su la gamba, le esplodono le mutande, le casca il reggiseno, saltano fuori almeno sei capezzoli, la Carlucci va alla neuro e "Ballando con le stelle" lo spostano nei canali hot a pagamento.

GLI STIPENDI DELLE DONNE

Io, guarda, sono contenta di essere una donna anche se ogni tanto penso che se fossi un uomo avrei meno preoccupazioni.

Mi piacerebbe essere uomo perché potrei mangiare un Calippo come mi pare senza sentirmi osservata da tutti, e potrei incazzarmi con mia moglie perché non trovo il borsone del calcetto, mentre lei intanto prepara l'arrosto, consola un'amica, allatta il figlio, compila il 740 e cerca di capire quando è libero l'amante.

Vorrei essere uomo sai quando? Quando devo andare al bagno dell'Autogrill. Guadagnerei mesi di vita.

Ma soprattutto vorrei essere uomo per potermi comprare interi pacchi di calze e mutande a tre paia un euro e sentirmi lo stesso felice.

Però sono contenta di essere una donna anche se non mi vanno giù un sacco di cose.

Per esempio non mi va giù che il mio stipendio debba essere più basso di quello di un uomo del 23 per cento. Che se un maschio italiano ogni mese guadagna 1000 euro, una donna ne guadagna solo 770. Perché? Perché io che sono una donna devo guadagnare meno? I conti li faccio meno bene? Gli affettati li taglio meno bene? Le visure catastali le faccio meno bene?

E poi ti dicono: "Eh, va così. Allora, se va così, riduco tutto del 23 per cento. Se faccio la casalinga il bagno lo pulisco solo per metà, se faccio la barista ogni tre clienti serviti ne salto uno, e se la sera a letto vuoi fare nove settimane e mezzo ne facciamo cinque scarse e poi basta.

Sono contenta di essere una donna ma non mi va giù che le donne che hanno avuto finalmente il coraggio di denunciare il loro compagno violento poi non sono state protette. Non ce l'hanno fatta, nonostante avessero già tante volte denunciato il loro aggressore. Ma bisogna aspettare una pugnalata perché quelle merde vengano sbattute in galera? Le donne ferite devono sentirsi al sicuro da subito. Se loro fanno il primo passo, il secondo dobbiamo farlo noi.

Sono contenta di essere una donna ma mi fa rabbia pensare che quando io vado in maternità, non sono sicura poi di ritrovare la mia scrivania al ritorno.

Non mi va giù pensare quanto sia difficile trovare un posto per mio figlio in un asilo nido.

E non sopporto l'idea che se il mio capo allunga le mani io debba tacere per non perdere il posto.

Faccio fatica a pensare che quando io donna dico NO il mio no debba essere diverso da quello di un uomo.

Perché se una donna dice NO a un uomo che la molesta, c'è sempre sempre sempre la convinzione che se la sia cercata. Che in fondo sia stata colpa sua. Quando il dito indica il maiale, c'è sempre qualcuno che vede la donna e le dà della zoccola. Perché magari era vestita provocante, perché era sola in giro alle tre di notte, perché se ti fai tre mojito di seguito poi non puoi pretendere...

Allora, vediamo se arriva il messaggio: quando una donna dice no, è no. Può aver detto sì a novantanove uomini e voi siete il centesimo, è no lo stesso. A qualunque età. In qualunque luogo. Con qualunque tasso etilico. Anzi se lei è ubriaca e tu la molesti sei ancora più stronzo. Nessuno vi dà il diritto di toccarla, abusarla, violentarla solo perché siete più grossi, più forti o avete più potere.

Quando una donna dice no, è no. Esattamente come quando lo dice un uomo.

E poi. Non sta scritto da nessuna parte che una donna per non subire violenze debba essere un modello di virtù, purezza e buon senso. Mettiamo che io voglia essere puttana. Lo devo decidere io con chi. E non devi essere tu che mi costringi.

GLI UOMINI DISCONNESSI

Quante volte ci siamo fatte questa domanda: perché mio marito, il mio amante, il mio fidanzato, non mi ascolta quando parlo? Perché devo ripetergli le cose mille volte prima che assimili il concetto? È picio completo? Finalmente la risposta ce l'ha data un professore dell'Università di Sheffield, Michael Hunter, e io sono pronta a illustrarvela. Il mitico Michael ha fatto uno studio da cui ha scoperto che la voce femminile provoca stanchezza nel cervello degli uomini. Praticamente, dopo pochi minuti che noi parliamo, il maschio perde campo, zero tacche, non è al momento raggiungibile, si prega di riprovare più tardi. E

Michael ci spiega anche il perché. Perché le corde vocali e la laringe delle donne hanno una forma diversa da quelle degli uomini e producono suoni che affaticano il cervello maschile. Intanto c'è una buona notizia: si dà per sicura la presenza del cervello anche negli uomini, cosa che fino ad oggi era dubbia. E seconda cosa abbiamo scoperto che i maschi hanno le corde vocali più grosse, ad eccezion fatta, credo, di Maria De Filippi, che le ha prese in prestito da Gattuso.

Quindi se tu donna dici a tuo marito: "Amore? Io, sabato mattina, passerei all'Ikea a vedere se c'è la carta per foderare i cassetti coi polpi stampati sopra...", sappi che la tua dolce metà già alla parola Ikea ha un blocco motore, va in catalessi, gli parte il salvavita che gli stacca la corrente dal cranio. D'altra parte c'era anche un po' da aspettarselo, visto che gli uomini da mai riescono a fare due cose insieme, sono già impegnati a respirare, come fanno anche ad ascoltarti.

A differenza nostra, che per avere a che fare con loro ci basta attivare un millimetro di cervello, visto che parlano a monosillabi, praticamente grugniscono... "Eh, sì, mh, boh, bah, ok, va be'..." basta il cervello di un cercopiteco. Diciamo che i maschi, secondo il professore, nella comunicazione privilegiano il linguaggio del corpo. E su questo sono pienamente d'accordo. Infatti o ti ascoltano o ti guardano le tette. Quindi se vogliamo assolutamente farci ascoltare... décolleté. Questa è proprio una regola aurea. Fate caso, quando in tv parla Belén, i maschi son tutti incollati allo schermo. Vorrai mica dirmi che è per sentire quello che dice?

Il professore sostiene anche che se noi donne vogliamo farci ascoltare dai maschi dobbiamo usare frasi semplici, corte, come se dovessimo parlare a un cocker. Quindi anziché dire: "Domani visto che è sabato pensavo che potresti accompagnarmi a fare un giro in centro che devo comperarmi un paio di scarpe che non ne ho"... dobbiamo dire: "Domani. Tu. Io. Via Roma. Per scarpe", tipo indiani Navajo. Dobbiamo fare le pause come Celentano. Se volete dire al vostro boy che vi piacerebbe un po' di intimità e qualche coccola, tocca andare al succo: "Ciuupa... Beppe!!!". Così capisce. Comunque voglio dire solo una piccola cosa al professore, da scienziata quale sono. Amico Michael, finché parliamo va ancora bene. È quando vi guardiamo in silenzio che iniziano i cazzi.

LA FESTA DELLA DONNA

Come mai della festa della donna non frega più a nessuno? I maschi se va molto bene ci comprano due palline di mimosa smuflita con gran sbattimento di balle collegato. "Auguri amore" e fine, e il 9 si svegliano già urlando: "Dove hai messo gli slip, che non ci sono nel secondo cassetto?", "Hai mica visto le mie ciaspole che usavo nel 2000 per andare a Cervinia?!". Oppure ti telefonano mentre sei per strada e ti dicono: "Buona festa della donna! Mentre vieni su, porti anche due confezioni di minerale da sei?". Stessa cosa sui social. L'8 marzo è tutto un traboccar di frasi di Shakespeare e poesie di Alda Merini... il giorno dopo, stessa bacheca, una tizia popputa in top e la scritta ESCILE.

L'ha detto anche Mattarella: quello delle donne è un impegno silenzioso... Sergio? Impegno sì ma silenzioso nèn tant, perché berciamo dalla mattina alla sera. L'8 marzo dovrebbe durare tutto l'anno, non ventiquattr'ore. Perché senza le donne, io te lo dico, il mondo va a rotoli. Altro che parità. Voi maschi se ci aiutate in casa lo fate come se fosse un favore. Una regalia. Ogni volta che mettete i piatti in lavastoviglie è un gesto di carità. "Ho fatto questo per te, dimmi grazie." Non parliamo di quando c'è un lavoro domestico un po' più complicato perché è la fine. Se vi chiediamo di girare il minestrone è come se giraste il cemento nella betoniera a mano. E quando vi diciamo di stendere fuori il bucato? Puoi stare sicura che se c'è una cacca di piccione sul filo, la tovaglia bordeaux è sua.

Poi ci avete fatto caso? Tutte le volte che intervistano donne che hanno successo sul lavoro, che fanno una professione impegnativa chiedono: "Ma come fa a conciliare famiglia e lavoro? Figli e professione?". Avete mai sentito fare una domanda del genere a un maschio? Mai. Perché non ce li hanno loro i figli? I maschi non devono conciliare una mazza? Qualcuno ha mai chiesto a un professore o a un politico: "Scusi ma lei, che fa il costituzionalista a tempo pieno, come è riuscito a coniugare lavoro e famiglia?". Forse una domanda del genere l'hanno fatta solo al ministro Delrio perché ha nove figli ed è una roba da Guinness.

I CAPELLI DI NAOMI

Ma una domanda furba. Una. Una domanda obbligatoria che qualsiasi donna normodotata si è fatta: Naomi? Ci spieghi come fai ad avere i capelli così lisci? Scusa, è nera!? Com'è che le escono fuori ste fettuccine al nero di seppia? Non dovrebbe essere crespa? Son crespa io che son bianca latte! Lei ha sti peli della pennellessa lucidi come le scarpe degli ufficiali.

Poi io l'ho vista da vicino. È una dea. Bon. Posso dire? Se digiti su Wikipedia "figone fotonico" esce scritto Naomi Campbell. Io le arrivo sotto le tette. Altezza capezzolo. Diamo a Cesare quel che è di Cesare. È un capolavoro della genetica. No, perché ci sono delle donne che anche se si trovano al cospetto di Veneri pazzesche dicono: "Ma in fondo dal vivo non è così bella...". Ma come non è così bella?! Sei scema? È una stanga di un metro e ottanta, c'ha uno stacco di coscia che la Marcuzzi in confronto è un coniglio, delle tette che stanno non solo in una coppa di champagne ma nella cloche in acciaio che usano gli alberghi quando ti portano la cena in camera, e tu mi dici che non è poi così bella?! Tu! Che sei leggermente più alta di una scarpiera e hai le tette che sembrano due vol-au-vent dove si mette la fonduta?

È una potenza della Natura quella donna lì. Noi in Italia chi abbiamo che regge i colpi come Naomi, che ha quarantotto anni e ne dimostra trenta? Forse solo la Parietti che non invecchia mai. Quando ha danzato a "Ballando con le stelle" ha fatto una spaccata a centottanta gradi, un angolo piatto che si è vista tutta madre Natura. Tutto il villaggio dei puffi. Sì perché non ha spaccato in orizzontale, sai quelle spaccate che ti butti per terra come una mucca morta... No. Ha sforbiciato in verticale. E quindi, verticale per verticale, si è vista praticamente l'origine del mondo di Courbet.

Infatti Albona, che è furbissima, sapendo di essere su RaiUno cosa ha fatto? Ha tirato fuori la fascia protetta. Ha messo un abito con la benda che la copriva proprio lì. La benda dei pirati dei Caraibi. Un CoprilaJolanda Beghelli. Una tagliatella di nonna Pina che la fascia di Belén quando ha fatto vedere la farfalla era larga almeno dieci volte tanto. Hai capito? Quando parlano di banda larga? Deve essere quella roba lì eh... Sai che la Carlucci quando l'ha vista è invecchiata di trent'anni di colpo? Alla parrucca di Sandro Mayer son venute le mèches. Altro che "Ballando con le stelle", "Sbirciando sotto la benda".

COME SI PRONUNCIA?

Che brava Malika Ayane. Peccato il nome. Chissà come si pronuncia. Malika Yan, Malikayani? Malika Ayane è uno di quei nomi che ognuno pronuncia a modo suo. Come Alice Rohrwacher la regista, sorella peraltro della bravissima Alba Rockvaker, l'attrice... Un cognome che se lo pronunci dieci volte lo sbagli otto. Sembra quando ti va di traverso un cracker. Rosvaker... Ma non potevano mettersi un nome d'arte più facile così almeno tutti riuscivamo a pronunciarlo? Ma che si facessero chiamare, non so... Alba Rotwailer che almeno lo sappiamo dire tutti, o Alice Loaker, Alice Loaker che bontà, vedi come rimane impresso.

Stessa cosa Kasia Smutniak. Fantastica, ma puoi avere un nome così?! E che cacchio. E poi soprattutto. Ti chiami Smutniak? Non chiamarti Kasia. Chiamati Vincenza, Pina, Lella. Lella Smutniak. Altrimenti tieni Kasia, aggiusta Smutniak e metti Smutti. L'attore Keanu Reeves, ad esempio, il suo nome come si pronuncia? Si dice Keaniu, cioè come si scrive, oppure si dice Chinu, che sembra un nome sardo... E Richard Gere? Come minchia e straminchia si dice? Gìar, Gir, Ger, Ghir?

A parte che sbagliamo anche cognomi "in italiano" tipo Valerio Mastandrea. Che non si chiama Mastrandrea ma Mastandrea. Mara Venier. Non si chiama Mara Veniè. Si chiama Mara Venier... è di Venezia, non di Marsiglia. Poi mettiamoci d'accordo. Anche sulle città d'Italia. L'altro giorno al tg ho sentito dire Vibo Valensia. Ma come Vibo Valensia? Ma non siamo mica in Catalogna, siamo in Calabria. Vibo Valenzia. Si scrive Vibo Valentia e si pronuncia Valenzia. Oppure Barcellona Pozzo di Gotto chiamata: Barselona Pozzo di Gotto. Come fosse una provincia di Buenos Aires e non di Messina.

Poi attenzione. Padre Pio non è il Santo di Pietralcina... ma di Pietrelcina! E non si dice Oronzo di Cadore ma Auronzo di Cadore. No, perché uno si confonde. Magari pensa: c'è Antonello da Messina, Jacopone da Todi... ci sarà anche Oronzo di Cadore. Per esempio io che non sono di Roma ho sempre detto: Tor della Monaca e invece è Tor Bella Monaca. Perché pensavo semplicemente che lì ci fosse una torre con dentro una suora. E non che fosse anche bella.

E di Courmayeur ne vogliamo parlare? Che non c'è uno che lo pronunci giusto? Cormnaue, Corrmaioioar... Cormaugeiar... gente che tira fuori la lingua di mezzo metro ma niente. Gente che mette la mandibola come le mucche quando ruminano. Per pronunciare bene Courmayeur, su Courm devi sentirti le margherite in bocca... e su Maieur... devi far slittare le fauci a destra e sinistra come i cammelli. E ancora. Annoso dilemma: si dice Friuli o Friùli? Friuuuuuli.

E anche Nuoro si dice Nuuuuoro. Con l'accento sulla u. Al contrario di Caorle che si dice Caorle e non Caooooorle.

Per esempio a me chiamano in tutti i modi... Letizetto, Lipizzetto, Lizzittetto, Lippizzello. Una volta uno mi ha chiamato Tripizzetto. Letizia Tripizzetto. Non fosse tardi, il cognome lo cambierei anch'io. Tette. Luciana Tette e via.

Mondadori Libri S.p.A.

Questo volume è stato stampato
presso ELCOGRAF S.p.A.
Stabilimento - Cles (TN)

Stampato in Italia - Printed in Italy